心理学概論

小川 芳男 著

北樹出版

はじめに

　心理学という学問は、内・外の世界に対して人間の心がどのように反応し・どのように対応（行動）するのか、そこに一定の原理・法則が存在するのか、ということを探究する学問といえる。ところで、人間にはそれぞれ個性というものが存在することから、そのような反応や対応には千差万別の仕方・方法が考えられる。そのなかから普遍的な原則を導き出そうとすることから、心理学は自然科学に分類できる。自然科学といっても、物質を対象とする学問とはいささか性質を異にすることはいうまでもない。その相違は、人間の持つ個性に起因すると考えられる。

　さて、心理学の目的は、人間がよりよく生き、真の自己実現の達成に資することにある。人間は動物のように、ただ単に生きるのではなく、人生に意味を求めて生きる存在である。したがって、心理学は、真の自己実現を成就するためには、不可欠な学問なのである。その意味で、心理学を修得し、有意義な人生を享受することを心から期待する次第である。

　なお、本書の刊行に当たり、大変御尽力をいただいた北樹出版の木村哲也社長および編集部の古屋幾子様に心から謝意を申し上げます。

　　平成24年3月

著　者

目　　次

第1章　心理学の概念 …………………………………… 10

第1節　心理学の意義 ……………………………… 10

　　1　心理学の語源等について （10）
　　2　心理学の定義 （11）
　　3　心とは何か （11）
　　4　心を構成するもの （13）
　　5　最古の心理学書 （13）

第2節　科学としての心理学 ……………………… 14

第2章　知　　覚 ………………………………………… 17

第1節　知覚（感覚）の概念 ……………………… 17

第2節　知覚の成立要因 …………………………… 18

　　1　図と地 （18）
　　2　よい形態の法則 （19）
　　3　関係づけの枠（準拠枠） （20）
　　4　社会的・力動的知覚 （21）
　　5　知覚防衛 （22）
　　6　性格特性 （22）

第3節　知覚の歪曲 ………………………………… 23

　　1　錯　覚 （23）
　　2　幻　覚 （26）
　　3　恒常性（恒常現象） （27）
　　4　順　応 （27）
　　5　残　像 （28）
　　6　直観像 （29）

第3章　感　情 …………………………………………………… 30
第1節　感情の概念 ……………………………………………… 30
第2節　感情の分類 ……………………………………………… 31
第3節　感情の発達 ……………………………………………… 33
第4節　感情の理論 ……………………………………………… 34
　　1　次元説　(34)
　　2　末梢起原説　(34)
　　3　中枢起原説　(35)

第4章　欲求と適応 …………………………………………… 36
第1節　欲求の概念 ……………………………………………… 36
　　1　従来の概念　(36)
　　2　新しい概念　(37)
第2節　フラストレーションとコンフリクト ………………… 41
第3節　適応機制と不適応行動 ………………………………… 42
　　1　適応機制の形態　(42)
　　2　不適応行動の種類　(44)

第5章　学習と記憶 …………………………………………… 45
第1節　学習の概念 ……………………………………………… 45
第2節　学習の理論 ……………………………………………… 46
　　1　条件反射説　(46)
　　2　試行錯誤説　(47)
　　3　洞察説　(48)
　　4　情報処理説　(49)
第3節　記憶と忘却 ……………………………………………… 51
　　1　記憶の概念　(51)
　　2　忘却の心理　(52)
第4節　効果的記憶法 …………………………………………… 54

第6章　思考と知能 …………………………………… 56

第1節　思考の概念 ……………………………………… 56

第2節　思考の形態 ……………………………………… 57

 1　再生的思考（57）

 2　創造的（生産的）思考（58）

 3　帰納的思考（58）

 4　演繹的思考（59）

 5　直観的思考（59）

 6　分析的思考（59）

第3節　思考の発達 ……………………………………… 59

 1　操作期以前（60）

 2　具体的操作期（60）

 3　形式的操作期（60）

第4節　知能の概念と構成 ……………………………… 61

第5節　知能検査 ………………………………………… 63

第7章　発　達 ……………………………………… 66

第1節　発達の概念と原理 ……………………………… 66

第2節　発達の理論 ……………………………………… 67

 1　遺伝説（生得説）（67）

 2　環境説（68）

 3　輻輳説（68）

 4　成熟優位説（69）

 5　環境閾値説（69）

第3節　発達課題 ………………………………………… 69

第4節　発達段階と特徴 ………………………………… 72

 1　胎児期（72）

 2　新生児期（72）

 3　乳児期（72）

4　幼児期 (73)

　　5　児童期 (73)

　　6　青年期 (74)

　　7　成人期 (74)

　　8　老年期 (75)

第8章　性　　格 …………………………………………… 76

　第1節　性格の概念 ……………………………………………… 76

　第2節　性格の構成 ……………………………………………… 78

　　1　気　質 (78)

　　2　気　性 (81)

　　3　習慣的性格 (83)

　　4　役割性格 (85)

　第3節　性格の分類 ……………………………………………… 85

　　1　類型論 (85)

　　2　特性論 (87)

　　3　折衷説 (89)

　第4節　性格の障害・疾患 ……………………………………… 90

　　1　神経症 (90)

　　2　心身症 (94)

　　3　精神病 (96)

　第5節　心理療法（精神療法）………………………………… 98

　　1　精神分析療法 (98)

　　2　行動療法 (99)

　　3　認知行動療法 (101)

　　4　カウンセリング（counseling）(103)

　　5　自律訓練法（autogenic training）(107)

　　6　森田療法 (110)

　第6節　性格と倫理 ……………………………………………… 116

第9章　精神的に健康な性格 …………………………………… 123
第1節　生産的人間——E・フロムの場合 ………………… 123
1　生産の意味（123）
2　生産的構えの特徴（125）
3　最良の状態（138）
第2節　自己実現する人間——A・H・マスローの場合 ………… 141
1　新しい欲求概念（141）
2　欲求価値論（143）
3　自己実現の構造（146）
第3節　プロプリウム的人間——G・W・オルポートの場合 …… 153
1　人間の生得的傾向性（153）
2　健康な成熟した人間（159）
第4節　十分に機能する人間——C・A・ロジャーズの場合 …… 165
1　セラピーによる人間の変容（165）
2　十分に機能している人間の特徴（171）
第5節　あるがままの人間——森田正馬の場合 ………………… 172
1　人間観（172）
2　健康観（176）
3　倫理（道徳）観（183）

おわりに ……………………………………………………………… 189
引用・参考文献（190）

心理学概論

第1章 心理学の概念

第1節 心理学の意義

1 心理学の語源等について

psychology (E)、Psychologie (G・F) という「心理学」を表す外国語は、「psykhē = $\phi \bar{v} \chi \widehat{\eta}$ (Gr) = 心」+「logos = $\lambda \acute{o} \gamma o \varsigma$ (Gr) = 理、学」= Psychologie のように、合成された語（新造語）である。

なお、psykhē は、つぎのような意味を有する。
(1)生命、(2)亡霊、(3)生命の根源としての霊魂、(4)感情・意志・知性等の根源としての心・精神、(5)魂をもつもの・生物・人間

また、logos には、つぎのような意味がある。
(1)言葉・会話・物語・歴史・ことわざ・語・句・文、(2)計算・評価・考慮・道理・理法・原理・原則・規制・理由・根拠

この Psychologie という語は、R・Goclenius と O・Casmann の共著である『人間学的心理学』(*psychologie Anthropologica*, 1594) と『人間学第2部』(*Anthropologica Pars II*, 1596) のなかで最初に用いられたという経緯がある。

その後、C・Wolff が、『経験心理学』(*Psychologia Empirica*, 1732) お

よび『理性心理学』(*Psychologia Rationalis*, 1734) を著し、広く世間に普及するようになった。

日本では1878年、西周がI・Havenの *Mental Philosophy* (1869) を翻訳して、「爰般氏・心理学」としたのが、「心理学」という語を用いた最初の例である。なお、西周は、同じくヘヴンの著書である「Psychology」を、「性理学」と訳したことは興味深い。両者は同じ意味である。

2　心理学の定義

心理学とは、人間の心が内・外の刺激に対して、どのように反応するかを考察し、そこから一定の反応の仕方、すなわち、法則・原理・原則等を導き出す学問をいう。

この刺激への反応の仕方は、人間には「個性」(individuality) が存在するので、一定の刺激に対して現実にはいろいろな反応形態がみられるのがつねである。とはいえ、また人間には「普遍性」が存在するので、一定の刺激に対し一定の反応形態がみられるのも事実である。したがって、この一定の反応形態（法則・原理）を探究するのが、心理学といえよう。なぜならば、心理学が「科学」（自然科学）である以上、普遍的原理・法則を定立することは学問的使命（義務）であるからである。

3　心とは何か

心の見方にはいろいろあるが、歴史的にみると、つぎの三つに分類される。

（1）　心は「もの」＝実体である。

実体とは、本質的に変わることのない形を持つ存在をいう。これは、

心というものは、人間が生きている間は身体のなかに「小人」(homunclus)＝実体として住み込み、人間の行動を支配する、という未開人の考え方にみられる。

（2）　心は「こと」＝現象である。

現象とは、一般に実際にあらわれて見える形や事実をいい、したがって、それはまた感覚によってとらえられる対象でもある。

しかしながら、現象には、鳥が空を飛んでいる・美しい音楽が聞こえる・手が暖かいというように、客観的に見えること・聞こえること・感じること等の「物理的現象」と、不可解な夢を見たり、また自己には全くわからない言動（何でそう言ったのか・何でそうしたのか）のように、合理的にとらえることのできない摩訶不思議なことである「超物理的現象」がある。前者を「意識現象」といい、後者を「無意識現象」という。

意識現象は、五感（視覚・聴覚・臭覚・味覚・触覚）でとらえることのできる対象・事実をいい、それに対して、無意識現象は、五感以外の「第六感」（直感・勘）や「精神分析」でしかとらえることのできない対象・事実をいう。

（3）　心は「行動」である。

行動とは、振る舞いや行いをいう。行動には、外から客観的に見える「対外的行動」と外からは見えない「対内的行動」がある。

対内的行動には、自己には理解できるが・他人には理解できない「意識的内面行動」と、また自己自身にも・他人にも理解できない「無意識的行動」がある。

現代の心理学では、（3）の立場を採用し、行動の分析が詳細に行われている。

4 心を構成するもの

古代ギリシアでは、心は肉体に「生気」を与えるものと考えられた。

ギリシア語の psykhē, pneuma やラテン語の spiritus は、「息」を意味する。また、ラテン語の anima は、「風」を、英語の soul やドイツ語の Seele は、「ストーム」を、さらに、英語の ghost やドイツ語の Geist は、「空気」を意味する。

また、心を構成する要素としては、Anaximenēs や Hippokratēs は、「空気」を、Hērakleitos は、「火」を、Dēmokritos は、「火に似て活発に運動する丸い微少元素」を想定している。

さらに、未開人は、人間が死ぬと、心は idola（像）となって肉体を離れる。しかしながら、生きているときは、肉体のなかに小人（＝ homunclus）として住み、人間の行動を支配するという。

5 最古の心理学書

心を科学的に取り扱い、最古の心理学書である *De Anima*（精神について）を著したのは、Aristoteles（B.C.384～322）である。そのなかで、かれは、精神をつぎのように分類する。

(1)植物的精神＝栄養と繁殖、(2)動物的精神＝感覚と運動、(3)合理的精神＝理性

これらは、層的構造を持つとされる。この分類は、現代の脳生理学の見解にも通じる卓見である。また、かれは知識の源は「感覚」であり、観念の再生は「連想」に起因し、連想（連合）は三つの法則（類似・対比・接近）に支配されるとする「連合主義（心理学）」の基礎を築いた。

「連合」とは、感覚・観念・運動等の要素的経験がある法則にしたがって結合することであり、またあるものが他のものを継時的に、あるい

は同時的に呼び起こすことをいう。これを最初に指摘したのは、Platōn（B.C.427〜347）である。

第2節　科学としての心理学

　心理学が、哲学から独立して「科学」（science）と認められるようになったのは、1860〜1870年代である。この歴史的大役を果たしたのが、W・Wundt（1832〜1920）である。かれは自ら「心理学者」と名乗り、1879年、ライプツィヒに組織的な実験室を設立し、多くの学徒を養成した。そのなかには、O・Külpe、E・B・Titchener、精神医学を大成したE・Kraepelin等がいる。また、1881年には、世界最初の心理学雑誌 *Philosophische Studien*（哲学研究）を刊行した。かれの立場は、内観によって直接経験を簡単な要素に分解し、この要素を結合することにより元の直接経験を説明するという「構成心理学」である。

　一般に科学（自然科学）というものは、個々の具体的事象を考察することによって、そこから普遍的法則・原理を定立することを目的とする学問である。その研究方法は、「帰納法」（帰納的思考法）といわれる。それは、まず個々の具体的事象から一般的事象を取り出すために、「仮説」を立てる。つぎにその仮説が探求しようとする事象を抽出するのに妥当であるか・否かを「実証」するために、仮説に基づいて「実験」を何回も繰り返し行い、その結果を十分「観察」することが要請される。そして、その結果が仮説とつねに「一致」することが明らかになれば、その仮説は妥当性を持つことが「検証」され、「普遍的法則・原理」として定立される。しかしながら、もし検証ができなければ、仮説に誤りがあるので、仮説を修正・再構築しなければならない。このように、仮

説の検証に厳密に専念・対応することが、科学という学問の特色といえよう。

　たとえば、「X」という物質を抽出する方法についてみよう。その場合、今までの研究成果をベースにして、「X」を取り出すためには、一応、A + B = C +「X」になるのではないかという化学方程式を、「仮説」として立てる。そして、実際に、Aという物質とBという物質（個々の具体的事象）を化合・反応させてみる（実証）。そうすると、Cという物質と「X」という物質が抽出されたとする。しかも、それは1回だけではなく、何回も繰り返して行ってみる（実験と観察）。何回行っても、その結果、「X」という物質がつねに抽出されれば（検証）、A + B = C +「X」という化学方程式は、「X」を抽出するための「法則・原理」となるのである。ところで、もし何回も繰り返し実験してみても、A + B = D + YやA + B = E + Zとなり、「X」が抽出できない場合は、仮説に誤りがあるので、仮説を修正しなければならないことになる。

　さらに、科学のための研究方法としては、「演繹法」（演繹的思考方法）がある。それは、「帰納法」の逆で、一般的原理を個々の具体的な諸問題に適用し、それらを解決することによって、さらなる原理や法則を抽出することをいう。

　たとえば、A・Einstein（1879 〜 1955）がうち立てた核エネルギーの源となる、$E = mc^2$ という等式がある。ここで、Eはエネルギーを、mは質量（物質）を、cは光速を意味する。すなわち、この等式を具体的に応用することによって原子力発電所をつくり多量の電力を供給し、さらに電力や発電に関する原理や法則を導き出すことが「演繹法」である。他方それはまた、核兵器の製造に応用することも可能である。それを決定するのは、人間自身であることを忘れてはならない。

因みに、1グラムの質量（1円硬貨）がすべてエネルギーに変化すると、10の14乗ジュールという莫大なエネルギーになる。このエネルギーは、大雑把にいって、凡そ100万軒の家の風呂を沸かすエネルギーに相当する。また広島に投下された原子爆弾のエネルギーは、6.3の13乗ジュールである。

　なお、この等式は、物質（質量）とエネルギーとは相互に転換され得ることを意味する。すなわち、物質は不変なものではなく、時には消滅することもあり、そのとき、エネルギーが出現する。また逆に、エネルギーも不滅なものではなく、物質に変化することもあるのである。

　したがって、この等式は、また物質から生命が形成されるカギになるのではないかといわれている。なぜならば、生命とは、エネルギーをもつ物質だからである。

第2章 知　　覚

第1節　知覚（感覚）の概念

　感覚とは、感覚受容器が内・外の刺激を受け入れる過程をいい、その主なるものを表示すると表2-1のようになる。
　このように、感覚受容器は特定の刺激に対してのみ、特定の感覚を成立させるのである。そして、感覚受容器に生じる最小限度の刺激の値を、「刺激閾（絶対閾）」といい、それに対して、最も相応しい刺激を、「適当刺激」という。また、刺激が長時間感覚受容器に与えられると、感覚の感受性が低下するが、これを「順応」という。
　刺激と感覚に関する主要な法則としては、「ウェーバー（Weber, E. H.）の法則」と「フェヒナー（Fechner, G. T.）の法則」がある。前者は、元の刺

表2-1　感覚の種類

個別感覚名（modality）	感覚器所在部位
1　視　感　覚	眼球網膜
2　聴　感　覚	内耳蝸牛
3　嗅　感　覚	鼻腔嗅上皮
4　味　感　覚	舌および口腔
5　触　感　覚	皮膚および粘膜
6　圧　感　覚	〃
7　温　感　覚	〃
8　冷　感　覚	〃
9　痛　感　覚	皮膚，粘膜および内臓
10　運　動　感　覚	骨膜，腱，筋肉および関節部
11　平　衡　感　覚	三半規管，耳石器
12　内　部　感　覚	消化管，体内各部
13　（共通化学感覚）〔crozier, 1916〕	眼瞼，鼻腔の粘膜部
14　（頸動脈球末端器）	頸動脈

激（標準刺激）＝Sと弁別閾（刺激変化が感じられるために必要な一定限度以上の刺激の増加量または減少量）＝⊿Sとの比は一定であることをいう。すなわち、⊿S/S＝C（一定）。この比を、ウェーバーの比という。また後者は、刺激（S）が等比級数的に増加すれば、感覚（R）は等差級数的に増加することをいう。すなわち、R＝K log S（K＝常数）と示すことができる。しかしながら、これらの法則は、刺激が極微および極大の領域（とくに刺激の上限を、刺激頂という）においては、妥当しないことが今日判明している。

それに対して、知覚は、感覚受容器によってとらえられた内・外の刺激を認知する過程をいう。一般に、知覚は適当刺激によって成立するが、適当刺激があっても、知覚が成立しないこともある。それは〝心焉に在らざれば視れども見えず、聴けども聞こえず、食えどもその味を知らず（『大学』）〟、とあるように、心をその事象に集中していないと、知覚は成立しないのである。

このように、知覚が成立するためには、内・外の刺激の布置（刺激の集合・配列）だけではなく、それをキャッチする側の心構え・心的態度が必要とされるのである。

第2節　知覚の成立要因

1　図と地

図とは、刺激のうちで、まとまって浮き出てくる部分をいい、地とは、まとまらないで、その背景を構成する部分をいう。その代表例として、図2－1aに示すルビンの図形（Rubin's goblet-profile figure）がある。

ここで、白い部分をみると、盃にみえるが、黒い部分を図とみると、

二人の向き合った横顔にみえる。このように、知覚が成立するためには、刺激は均一（同一）ではなく、つねに二つ以上に分化していなければならないのである。また、同じく若い女性と老婆の図形（図2−1b）がある。

図2−1a　ルビンの図形
（ルビン、1921）

図2−1b　嫁と姑
（ボーリング、1948）

2　よい形態の法則

よい形態の法則とは、われわれがもの・ごとを知覚するとき、全体として最も簡潔にして、かつ最も秩序のある、まとまりをもった存在としてとらえる傾向をいう。これはまた、「プレグナンツ（Prägnanz＝簡にして要を得ていること）の法則」ともいわれる。その要因として、つぎのようなものが指摘されている。

(1) 近接の要因—これは、距離の近いもの同士がお互いにまとまることをいう。
(2) 類同の要因—これは、似ているもの同士がまとまることをいう。
(3) 閉鎖性の要因—これは、お互いに閉じ合うもの同士がまとまるこ

とをいう。
(4) よい連続の要因——これは、一定の方向をもったもの同士がまとまることをいう。
(5) 共通運命の要因——これは、似て配列されたもの同士がまとまること、または、同時に同じ方向に動くもの同士はまとまりやすいことをいう。

このような傾向は、視覚ばかりでなく、その他の知覚においてもみられる普遍的な現象である。

3　関係づけの枠（準拠枠）

われわれがもの・ごとをみるとき、もの・ごとそれ自体を直接認知し、評価するのではなく、われわれの過去の経験や現在の動機等に基づいて知覚し、評価する。このように、過去の経験や現在の動機等によってつくられた一定の価値（認識）基準を、「関係づけの枠（準拠枠）」という。

ある対象に対して、自然科学者と文学者の間で、解釈が異なるのは、この関係づけの枠が違うためである。また

① 近接の要因

② 類同の要因
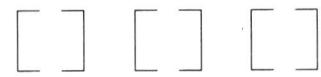

③ 閉鎖性の要因

④ よい連続の要因
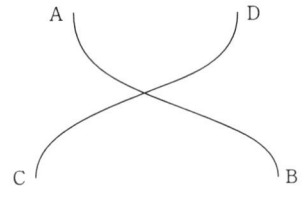

⑤ 共通運命の要因
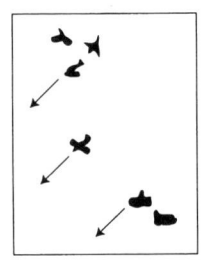

図2-2

戦争中、敵国の人々を悪人と思うのは、味方の人々が一定の関係づけの枠をもって対応するからである。

　この関係づけの枠が具体的に反映された例として、「恒常性」という現象がある。恒常性とは、われわれがものを知覚するとき、感覚受容器から送られてくる刺激はその時々の条件によって著しく異なるにもかかわらず、いつも大体同じものとして知覚される傾向をいう。たとえば、われわれが5メートル先にいる人と10メートル先にいる人を見る場合、10メートル先にいる人は5メートル先にいる人に比べて距離が2倍なので、5メートル先にいる人の半分に見えるはずであるが、実際は両人とも大体同じ位の大きさにみえる。これを、大きさの恒常性という。恒常性には、この他に、円形の皿を斜めの方向からみたとき、楕円ではなく円形にみえる、形の恒常性や、日陰の雪と日光の下の雪とでは、後者の方がより明るくみえるが、実際は余り変わらなくみえる、明るさの恒常性、さらに色や音の恒常性についても確認されている。

　また、関係づけの枠が成立していない場合は、たとえば、一つの星をみつめていると、その星が自然と動き出すようにみえる、「自動運動」という現象が生じる。

4　社会的・力動的知覚

　社会的・力動的知覚とは、刺激を受容する人間のもつ諸要因によって規定される知覚をいう。この諸要因のなかには、刺激を受容する人の価値観・社会的位置・態度・過去の経験・人格特性等が包含される。この有名な例としては、ブルナー（Bruner, J. S.）とグッドマン（Goodman, C. C.）による貨幣の大きさに関する研究がある。それによれば、一般に貧困家庭の子どもは富裕家庭の子どもに比べて、貨幣を実際

以上にみる傾向がある。これは、知覚する人の貨幣に対する願望の大・小によって、知覚が影響されることを示している。

5　知覚防衛

知覚防衛とは、不快感や危機感を示すことば、さらに社会的に容認されていない単語は、そうでない単語よりも認知するのに時間がかかる現象をいう。

これは、それらの単語はわれわれの心に不安定感を招来するので、無意識的・意識的に回避しようとする願望の結果、生じた現象といえる。

6　性格特性

その人間のもつ性格が、知覚に影響を与える場合がある。

たとえば、暗室で、傾斜した枠組とその中央の直線を呈示し、その直線を他面に垂直に調整させると、自分の体位を手がかりに、正確に垂直を判断できる人と、傾斜した枠組に強く影響されて、正確に判断できない人がいる。このことから、前者は「視野独立性タイプ」、後者は「視野依存性タイプ」という類型が考えられた。視野独立性タイプは自己主張的で、自信があり、情緒的に安定した特徴をもつが、視野依存性タイプは不安傾向が大きく、依存的で、自己洞察に欠けるという特徴をもつといわれている。

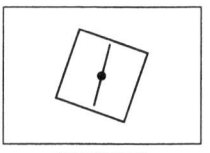
視野依存性

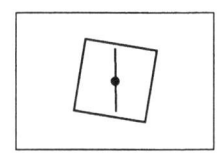
視野独立性

図2-3　枠組内での垂直診断

第3節　知覚の歪曲

1　錯　覚

　錯覚とは、ものをまちがって知覚することである。すなわち、外界からの刺激と知覚とは一般に一致することはないが、とくにその程度が顕著な場合を、錯覚というのである。

（1）　錯　視

　錯覚は、人間とは無関係に、客観的な刺激の状態によって生じるが、とりわけ視覚による錯覚、すなわち、錯視はその代表といえる。錯視においては、とくに幾何学的図形に関する研究がよく知られている。その主なものを示すと、次頁のようになる。

　錯視にはこの他に、月や太陽は上空にあるときよりも、地平線や水平線に近づくにつれて大きくみえたり、また映画においては、スクリーンに静止した写真がつぎつぎに映し出されるのであるが、それらが実際に運動しているようにみえる。これは「仮現運動」といわれ、錯視の一つである。

　仮現運動とは、暗室において、10センチ位離れた位置にある二つの光点を5分の1秒位の間隔で継続的に点滅させると、実際には運動がないのに、一つの光点が2点間をスムースに移動するようにみられる現象である。ヴェルトハイマー（Wertheimer, M.）は、これを「フィー（phi）現象（ベータ〔β〕運動）」と命名した。仮現運動には、この他にアルファ（α）運動（最初にみせた図形のつぎに一部分が変化している図形をみせると、大きさのちがいが認められること）・ガンマ（γ）運動（図形が急に出現したり消去したりしたとき、または明るさが急に増したり減ったりし

24　第2章　知　覚

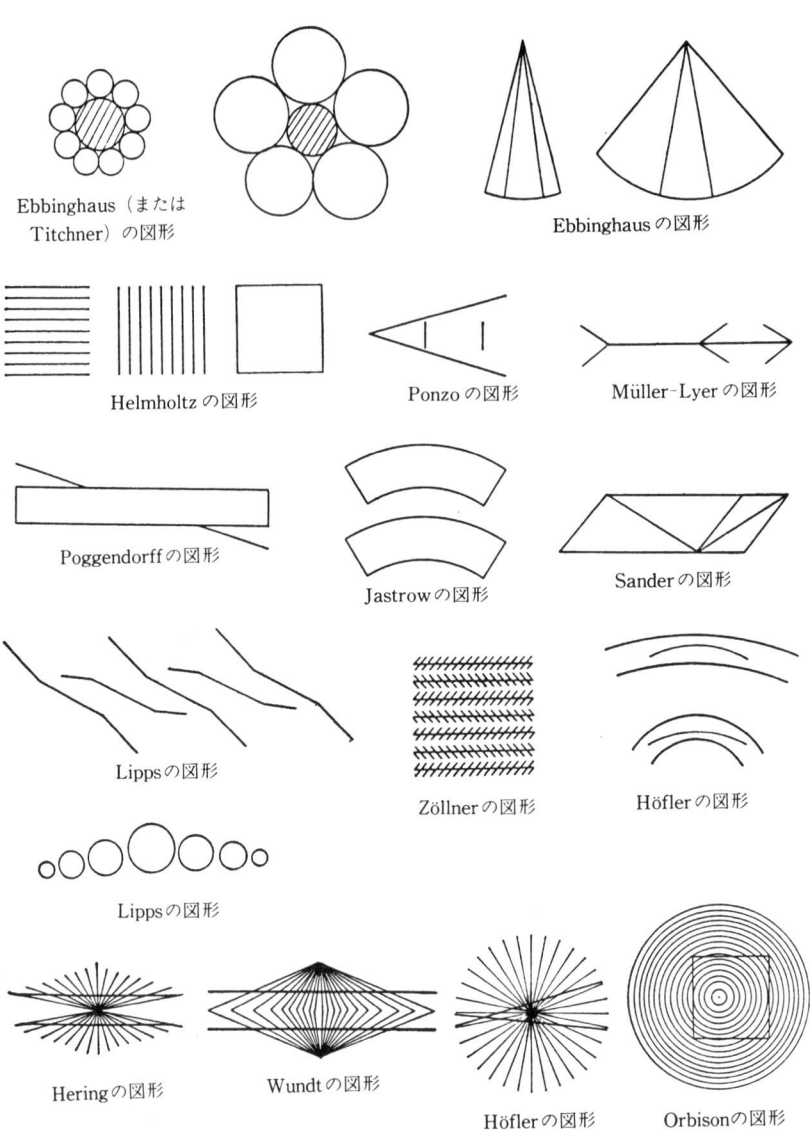

図2−4　幾何学的錯視の例

たとき、それが膨れたり、縮んだりすること）・デルタ（δ）運動（第一刺激対象より後に提出される第二刺激対象の方が大きな強度をもつと、第二から第一への逆向きの運動が生じること）・イプシロン（ε）運動（黒い背景の上の白線をみせ、すぐに白い背景の黒線を別の位置に示すとき、運動が認められること）等がある。

　これらの現象はそれぞれ点・線や図形の知覚からは説明できず、それは大脳等における興奮の伝播によると考えられる。すなわち、ヴェルトハイマーはそれらを末梢的な感覚（興奮）ではあるが、大脳中枢をも含めた一つのまとまりをもった全体から説明しようとしたのである。そして、これが「ゲシュタルト（Gestalt）心理学」の出発点となった事象である。さらに、この仮現運動は、また知覚の補完作用ともいえる。すなわち、同じものが引き続き動いているようにみせることによって、それが前と同じものであるか、否かという迷いの可能性をなくし、必要な行為への移行をスムースにするからである。

　なお、視覚以外の錯覚としては、同じ重さの二つの物体を手で持ち上げるとき、目を閉じていると小さい方が重いと感じる、大きさと重さの錯覚や、びっくりハウスのなかに座っているとき、部屋だけが回転すると、本人は静止しているにもかかわらず、自分が逆の方向に回転しているように感じる、運動感覚における錯覚等がある。さらに、いやな苦しい時間は長くてなかなか経過しないが、楽しい時間はあっという間に過ぎてしまうと感じる、時間知覚における錯覚がある。

（2）　知覚者の内面性による錯覚

　①経験による場合　　これはアリストテレスの錯覚といわれるものがある。それは、人差し指と中指とを交差させてその間に小さい物体を挟むと、その物体が二つあるように感じることである。これは、ふつうの

指の位置で2点が刺激されると、必ず二つの物体があると経験しているために生じる現象である。

②感情的態度による場合　これは、気の小さい人が柳の枝をみて、幽霊と見間違える場合や、交戦中、敵の攻撃に怯えている兵士が水鳥の音に驚いて、大軍が進攻して来たと感じ、退却するような場合等である。いずれも、冷静さを喪失しているときにみられる現象である。

(3)　パレイドリア (Pareidolia)

これは、壁や天井にあるシミが動物の形にみえたり、人間の顔にみえたりする場合である。それは、感情的影響がなくても生じるし、また注意しても消失してしまうことのない現象である。熱病・譫妄状態・急性薬物中毒等の場合にみられる。

2　幻覚

幻覚とは、実際にそのものがないのに、それが見え、その音がないのに、それが聞こえる現象をいう。換言すれば、期待する気持ちが余りに強大なために、わずかな刺激やあるいは刺激がなくても、それが現実に存在するかのように感受することである。そのなかには、神・仏の御姿をみて、その声を聴いたという場合もある。その原因は感覚器官よりも、大脳の機能自体にあると考えられる。幻覚は感覚の性質によって、幻視・幻聴・幻味・幻臭・体感幻覚等に分類される。とくに、幻視や幻聴は一般に統合失調症にみられる症状なので、その鑑別に適用されている。とはいえ、幻覚は健常な人にも生じる。たとえば、心身がとくに疲労していて、眠りに入ろうとする場合、いろいろな風景が浮かんだり、人の声や雑音が聞こえたりすることがある。これは、「入眠時幻覚」といわれる。また、幻覚はアルコール・メスカリン・LSD等の薬品によって

生じることも確認されている。

3　恒常性（恒常現象）

　これについては、すでに知覚の成立要因で触れたが、要するに、それは生理的・物理的な変化に差異があるにもかかわらず、対象を同じように知覚する傾向をいう。恒常性には、大きさ・形の他に、明るさ・色・音等がある。

　明るさの恒常性とは、白い紙は暗い所でみても灰色にはみえず、やはり白くみえることである。また、色の恒常性は、カメラで人間の顔を撮影するとき、竹藪のなかでは青っぽく写り、紅葉の木の下では赤っぽく写るが、われわれの眼には、両方とも同じ顔色にみえることである。さらに、音の恒常性とは、人間の声は、話し手の距離が変化するのに対応して、声の大きさも変化して聞こえるはずなのに、それほどの変化が感じられないことである。

　これらの現象は、いうまでもなく、多分にその人間のもつ関係づけの枠の影響を受けていることは明白である。

4　順　応

　これについても、すでに簡単に触れたが、それは、同じ強さの刺激が持続的に与えられると、その刺激に慣れてきて、強い感覚反応を起こさなくなる現象をいう。

　たとえば、部屋のライトが急に消えると、最初は真暗で何もみえないが、そのうちに、暗闇に慣れるにつれて、周囲の状態がぼんやりとみえてくる（暗順応）場合、その反対に、暗い所から明るい所に出たとき、当初はまぶしいが、次第に周囲がはっきりしてくる（明順応）場合や、

また風呂に入ったとき、最初は熱いと思っても、しばらくすると、慣れてきて熱く感じなくなる（熱順応）場合や、さらにガスが漏れると、最初は臭くてたまらないが、やがて慣れるにつれて、ガスの臭いを感じなくなる（臭順応）場合等がある。

これらの現象は、知覚は慣れるにつれて、当初の反応を喪失し、歪められることを意味している。

5 残像

残像とは、外部の刺激が消失しても、なお感覚が残っている状態をいう。

残像には、ライトをみつめた後に壁をみると、壁にそのライトの像があらわれる場合のように、もとの感覚と同じ色があらわれる「正の残像」と、赤い紙を30秒程みつめてから、白い紙をみると、それが青緑色にみえる場合のように、正の残像の補色があらわれる「負の残像」とがある。

この他に、滝の落下をみた後、周囲の景色をみると、景色が上昇して行くようにみえる場合のように、前にみたものと反対の方向に動くようにみえる「運動残像」がある。

また、一般に刺激が取り去られた後に、何らかの効果を残す場合を、「残効」という。残効で有名なのが、「ギブソン効果（Gibson-effect）」である。それは、曲線を長くみつめていると、曲り方（曲率）が減り、その後で直線をみると、直線が反対（前の曲線の曲り方と）の方向にまがってみえる現象をいう。

6　直観像

　直観像とは、思い浮かべたものが外部に実際あるようにみえる現象をいう。これは、一般に10〜13歳頃の子どもや未開の人々にみられ、残像と記憶像との中間に位置する現象と考えられる。

　残像はふつう5〜6秒持続するだけであるが、直観像は40秒も続き、強いものになると、4分以上も持続するといわれている。

　そして、直観像は、残像のように「エンメルトの法則（Emmert's law：残像の大きさは投射面までの距離に正比例する）」には従わない。

第3章 感　　情

第1節　感情の概念

　感情とは、もの・ごとや状況に対する主体の態度ないし価値づけをいう。態度とは、端的にいえば、行動への準備であり、また、価値づけとは、対象がひきつける力を持つか・否かを判断することである。したがって、態度を決定したり、価値づけを行うためには、まずもの・ごとの状況を正確に把握することが要請される。換言すれば、正確に認知することが前提とされる。たとえば、ある人をみて、背の高さ・顔の様子・服装・身のこなし等を正確に認知する。そして、それらの条件が自分の好みに合えば、その人は好ましい人物と判断される。このように、認知に基づいて一定の価値づけ（価値判断）を行うことが、感情の本質的機能なのである。

　また、感情と同様に、よく使われることばとして、感性という語がある。感性とは、哲学上の用語であり、一般に外界の刺激に対応して、知覚を成立させる感覚器官の感受能力を意味する。また倫理学的には、人間の身体的感覚をベースにして生じる自然な欲求をいい、それは理性よりも下位にあり、意志の力によってつねに克服されなければならないものと解されている。

第2節　感情の分類

（1）　快苦感

　快苦感とは、もの・ごとに対する単純なプラスまたはマイナスの態度をいい、簡単感情ともいう。換言すれば、それは、表面的にみて、もの・ごとの価値づけを行うことである。したがって、対象の中味よりも表面を重視し、それが自分の好みに一致すれば、プラスの態度が形成され、一致しなければ、マイナスの態度が形成されることになる。

（2）　情　動

　情動とは、喜び・怒り・驚き・恐れ・悲しみ等、急性・強烈で、しかも行動への傾向が強く、さらに、内臓や血管等の身体的・生理的変化を伴う感情をいう。したがって、それは、自律神経系（交感神経と副交感神経）と内分泌系（ホルモン）に密接な関係をもっている。

　交感神経は敵と戦うときや、身構えるとき等にその機能を発揮する。すなわち、心臓の働きを促進し、血圧を上昇させて、血液を全身の筋肉に供給するのである。それに対して、副交感神経は平和的である。それは呼吸や心臓の鼓動を安らかにし、多量の唾液や胃液を分泌させ、食物を消化しやすくし、性的興奮を高める作用がある。

　また、内分泌腺である副腎髄質から分泌されるアドレナリンは、精神的ストレスによって分泌量が増大し、その結果、血管を収縮させ、血圧・血糖値を高めることによって、戦闘体制に備える作用がある。

　このように、情動は心理的現象であると同時に、生理的現象でもあるので、その変化を測定することが可能となる。そのなかで、皮膚電気抵抗の変化の測定を、「精神電気反応（皮膚電気反応）」という。これは、

被験者の皮膚の2カ所に電極をつけ、これを電流計につなぎ、わずかな電気（6V・100μA以下）を流すと、電流に変化が生じる現象をいう。その変化は皮膚の電気抵抗の変化であって、情動興奮のときには、この抵抗が減少して電流が余分に流れるためである。この抵抗減少は、「フェレ（Féré）現象」と呼ばれる。なお、精神電気反応だけでなく、呼吸・脈搏・血圧・血量・心臓の鼓動等多方面の調査をして、情動を明らかにするための記録装置を、「ポリグラフ」といい、うそ発見器等に応用されている。

　古来、感情が一般に理性や知性に対して、分が悪いのはこの情動に帰因する。とくに、怒りの情動がひとたび荒れ狂うと、どんな思慮深い人間でも、全くの別人に変えてしまうからである。したがって、それは人間性を非人間性に変えてしまう存在として恐れられてきたのである。

（3）　熱　情

　熱情とは、情動の持続した状態をいう。それは、人をして専らある対象にのみ熱中させ、他のことを全く顧みさせない強烈な力を有する。具体的には、怨み・嫉妬・愛情等にみられる対象に対するプラス、またはマイナスの感情をいう。たとえば、ある人を本当に好きになり、その相手に夢中になって、幸せを感じているときは、プラスの熱情であり、その人が自分を嫌いになって、別の人に気持が移ってしまったとき、その人に怨念の気持を抱く。これがマイナスの熱情である。

　なお、強度は弱いが、比較的長く持続し、明確な対象をもたない感情を、「気分」という。気分は、そのときの体感状態や心理的条件、さらに気象状況や自然状態等の環境的条件によっても規定される。

（4）　情　操

　情操とは、持続的で複雑な快苦感である。換言すれば、それは対象

に対する深い洞察を通して体験される感情であり、そこには、知的評価・判断等が包含される。具体的には、それは、学問的（科学的）・美的・道徳的・宗教的探究時にみられる感情であり、訓練や経験等の後天的要因によって形成される傾向の強い感情である。

情操は、感情のなかでも、最も評価の高い感情である。それは、社会性や創造性の基盤を構成する感情だからである。その意味で、古来、情操教育の名の下に、その育成が図られてきたのである。

すべての感情は円のどこかの1点に位置づけられる

図3－1　感情の位置づけ

さて、以上の感情を図示すると、図3－1のようになる。

第3節　感情の発達

乳・幼児の感情の発達・分化については、ブリッジェス（Bridges, K. M.B.）の有名な研究がある。それを表示すると、図3－2のようになる。

これによれば、人間の基本的な感情は2～3歳頃までに一応形成されることが了解される。ただ、これらの感情がどの程度遺伝によるのか、あるいは学習の結果によるのかは未だ特定することができない。

いずれにしても、快と不快という相対立する感情を、バランスよく育成することが健全な感情を形成するための前提といえよう。

図3-2 情緒の分化（ブリッジス）

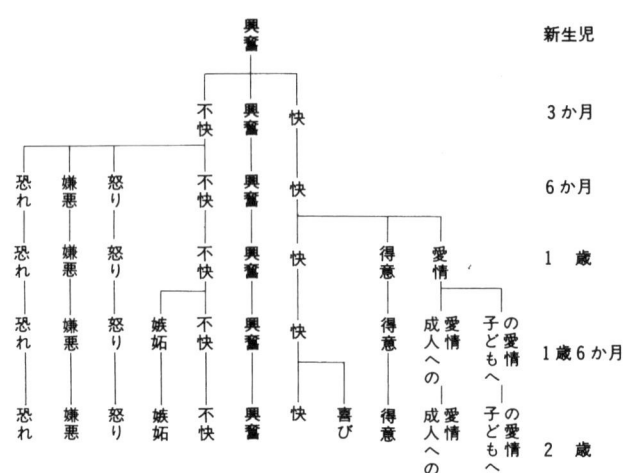

第4節　感情の理論

1　次元説

　ヴント（Wundt, W.）は、感情は感覚や表象から独立した精神過程であるとし、快―不快（質的次元）・興奮―沈静（強度次元）・緊張―弛緩（時間的次元）の3次元をもつことを主張した。

　これに対して、ティチナー（Titchener, E. B.）は、快―不快の一次元説を提唱した。

2　末梢起原説

　これは、ジェームズ（James, W.）とランゲ（Lange, C.）とが別々に提唱した理論であり、「泣くから悲しい。震えるから恐い」という形で表現される。

これは、刺激によって、末梢部位（とくに内臓・筋肉）に変化が生じ、それに伴って感情が発生すると考える学説である。この説は従来の学説とは対立することから、心理学や生理学に大きな影響を与えた。

しかしながら、それは高等な感情には妥当し得ないが、飢え・渇き・性的衝動のような基本的な感情については妥当し得ることから、今日でも否定できない側面をもつ学説といえる。

3 中枢起原説

これは、キャノン（Cannon, W. B.）やバード（Bard, P.）等が感情は視床下部（中枢）の神経興奮によって生起することを主張した学説である。また、マックリーン（McLean, D. P.）は視床下部の他に、脳の辺縁帯が感情の発生に深く関与していることを解明し、大脳辺縁系説を提唱した。これらの説は、いずれも「悲しいから泣く。恐いから震える」という形で表現され、感情の起原が末梢ではなく、脳という神経中枢のうちにあることを主張している。

第4章 欲求と適応

第1節 欲求の概念

1 従来の概念

　欲求とは、つぎのように定義される。すなわち、先天的なあるもの・ごと（水・食物・性・睡眠・呼吸等）が与えられない場合、これを得るための行動を起こそうとする内的な緊張（tension）または動因（drive）、あるいは推進力（urge）が発生する。この現象を要求（demand）という。また、このもの・ごとが後天的な場合（タバコ・アルコール・金銭・地位・名誉等）も、同様の緊張が生じるが、この現象を欠乏（want）といい、要求と欠乏を一括して、欲求（need）と呼ぶ。ただし、要求と欲求を同意語として、欠乏を含めて使う場合もある。心理学では、この先天的な場合を、「一次的欲求」といい、後天的な場合を、「二次的欲求」という。前者は生命の維持および種族の保存に関する欲求であり、後者は前者をベースにして新たに経験を通して形成される欲求である。そして、両者とも、広義の「欠乏（欠損）欲求」として一括することができる。なぜならば、それらは一定の欠乏が生じた場合にのみ、それを元の充足した状態に戻そうとする機能を有するからである。それらを図示すると、図4-1のようになる。

図4−1

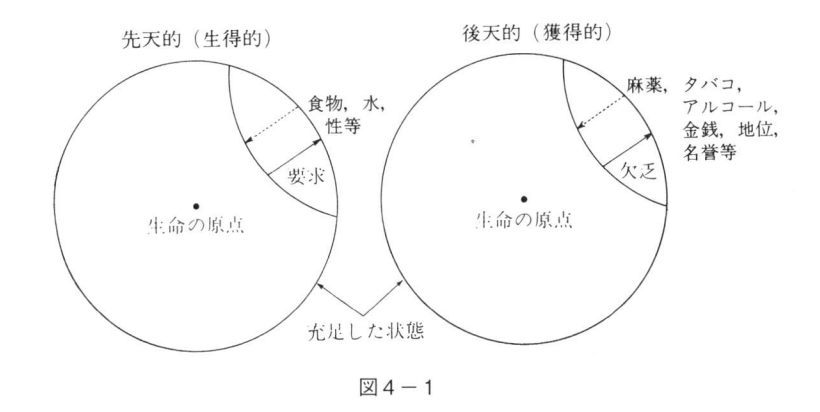

ところで、このような欲求観の背後には、人間を一定の充足された状態とみて、それに一定の欠乏が生じたとき、それを元の状態に戻すという、きわめて受動的・機械的な人間観が存在することが確認される。したがって、このような人間観からは生命のもつダイナミックな躍動感は感受されず、生命の本質を的確に把握することは不可能といえる。

2 新しい概念

欠乏（欠損）したものを補充し、元の状態にしようとする「欠乏欲求」に対して、その状態をさらに拡充・深化しようとする欲求が想定される。マスロー（Maslow, A. H.）はそれを、「成長欲求」と規定する。これは、従来の欲求とは異なる新しい欲求概念である。たとえば、仕事をする場合、一定の収入を得るために働くというときは、欠乏欲求によるが、仕事をしているうちに、仕事そのものがおもしろくなり、仕事をすることに幸福や充実感を感じるようになるときは、成長欲求によるといえる。このような欲求は、人間の精神的成長・成熟に深く関与することから、成長欲求といわれるのである。

一般に人間には、心身の一定した状態を維持していこうとする傾向（ホメオスタシス）と同時に、現状を打破し、さらに発展しようとする傾向（トランジスタシス）とがある。したがって、成長欲求はトランジスタシスに基づいた欲求であるといえる。

そこで、私はこれらの研究成果を踏まえ、欲求を表4－1のように分類する。

ここで、①の㋑と㋺は、従来の心理学では取り扱われることのなかった概念である。それらは、つねに現状を乗り越えて行こうとすることからして、「トランジスタシス的欲求」といえる。それに対して①の㋩は従来の欲求概念であり、つねに現状を維持することを目標とすることからして、「ホメオスタシス的欲求」といえる。そして、これらの欲求はすべて生命の原点から遠ざかろうとする遠心的性質をもつことからして、同一の次元に立脚する欲求である。

それに対して、②はつねに①とは対立関係にある欲求である。つねに生命をその原点に向かって引き戻そうとする求心的性質をもつ欲求であり、極端な場合には、われわれを無機物に還元し、死に至らしめる機能を有する。その意味で、それはまた、フロイト（Freud, S.）のいう「死

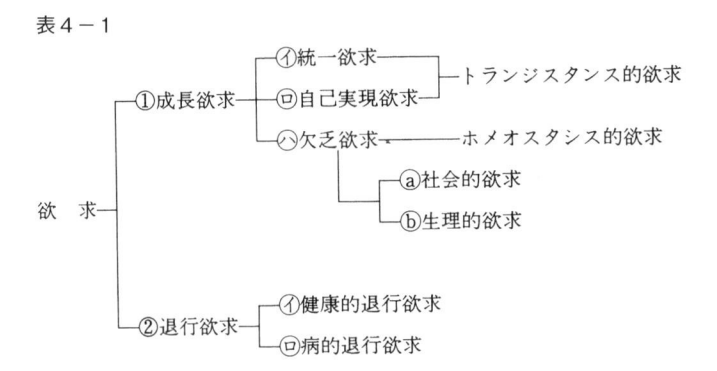

表4－1

```
           ┌─㋑統一欲求──┐
           │            ├──トランジスタンス的欲求
      ┌①成長欲求─┼─㋺自己実現欲求─┘
      │    │
      │    └─㋩欠乏欲求←─────ホメオスタシス的欲求
      │            ┌─ⓐ社会的欲求
欲 求─┤            └─ⓑ生理的欲求
      │
      │         ┌─㋑健康的退行欲求
      └②退行欲求─┤
                └─㋺病的退行欲求
```

の本能」に相当するといえる。しかしながら、②がつねにネガティブな側面ばかりをもつのではない。それはまた、脅威に満ちた世界を一時的に回避することによって、成長を助成する役割を果たすとともに、のちにみるように、成長欲求を助長するための触媒としての機能をも有するものである。

つぎに、それぞれ欲求間の関係であるが、先ず①においては、一般に下位の欲求は上位の欲求を規定し、上位の欲求は下位の欲求に依存する。すなわち、㋩の充足によって、㋺が成立し、これらの欲求の充足を通して、㋑が成立する。したがって、この関係はマスローの見解と一致する。ここで、問題となるのは①と②との関係である。すでにみたように、両者は全く次元を異にする欲求である。したがって、両者はつぎのような形態をとって生起すると考えられる。すなわち、②が強大になればなるほど、ますます生命の原点に近づくことになり、究極的には、われわれを死に至らしめることになる。しかしながら、生命は元来それ自身の原理に基づいて、成長・発展するよう生得的に規定されている。したがって、②が強大になるにつれて、①もまた強大にならざるを得なくなり、その結果、生命の成長が可能になる。

このようにみてくると、②は①を生起・発展させるための触媒ないし起爆剤的役割を果たしていることが了解される。すなわち、①が強大になるためには、②もまた強大にならなくてはならない。このことはまた、②が微弱であるならば、①もまた強大になり得ないことを意味する。したがって、両者はつねに相即不離な関係に立って、生命の全成長過程を規定しているのである。

ところで、①がある一定の段階に到達すると、換言すれば、①の㋺が充足されると、①の起爆剤的役割を果たしてきた②の必要性が自ら解

消される、というよりも、②は①のうちに統合されてしまうという事態が生じる。それはあたかも、これから地球を離れ、大宇宙に乗り出そうとするロケットに似ている。その場合、ロケットは当初、地球の引力から脱出するために、かなりの抵抗を受けるが、大気圏から遠ざかるにつれて、しだいに抵抗も減少し、やがて自由に航行ができるように、①の㋺が充足された暁には、他からの援助や刺激なしに自発的に先へ進むことができるようになる。そして、究極的な欲求である①の㋑は、われわれの生命を以前とは比較にならないほど拡充・深化させる機能を有する。すなわち、それが充足された段階において、あらゆる二元的対立は解消され、すべてを統合ないし一体性の下で把握する態度が確立される。その結果、自己と全宇宙との合一も可能となり、真の意味での人間の自由・平等・協調等が実現されることになる。このようなわれわれの究極的意識を、鈴木大拙は「宇宙的無意識」と、またフロム（Fromm, E.）は「宇宙的意識」と呼ぶが、それは人間のもつ可能性に対する賛辞といえるのである。

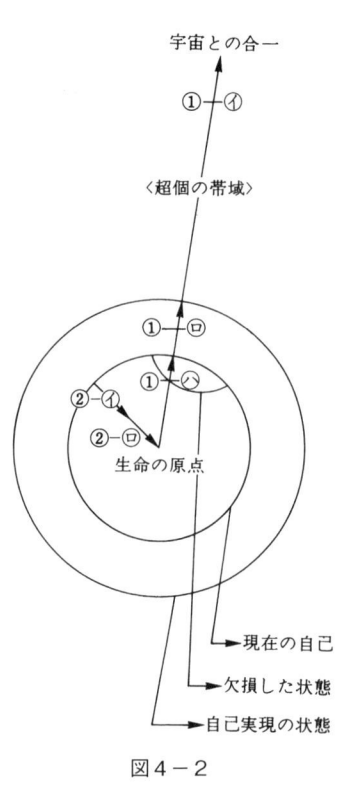

図4-2

第2節　フラストレーションとコンフリクト

　フラストレーション（欲求不満）とは、個人の欲求が内部の原因（その欲求が過大であるため）、または外部の原因（生活場面の制約が厳し過ぎるため）によって妨げられ、不満足に終わる状態をいう。
　フラストレーションへの対応はいろいろあるが、そのなかで、他人への攻撃となってあらわれるというのが、ダラード（Dollard, J.）とミラー（Miller, N. E.）の提唱した「欲求不満―攻撃説」である。それによれば、攻撃行動の生起には、つねに欲求不満の存在が前提とされており、またその逆に、欲求不満が存在すれば、つねに何らかの形式で攻撃が生じるというのである。
　しかしながら、すべての人が欲求不満に陥れば、つねに攻撃行動に出るというわけではない。むしろ、そういう人は幼児か、社会性の希薄な人達であり、一般の人は直接攻撃に出ることを差し控え、それに耐えるのがつねといえよう。ローゼンツヴァイク（Rosenzweig, S.）は攻撃行動に訴えることなしに、欲求不満に耐え得る個人の能力を、「フラストレーション・トレランス」（欲求不満耐性）と命名した。それは、多くの欲求不満状態の体験を通して、また幼児からの家庭教育や社会的体験のなかで養成され、精神的に健康な人間の指標の一つとされている。この他に、「欲求不満―固着説」（不適応行動を続けること）・「欲求不満―退行説」（原始的な行動様式をとること）等がある。
　コンフリクト（葛藤）とは、心のなかに2つ以上の欲求が同時に存在し、お互いに衝突し合い、本人がその選択に迷い・苦しんでいる状態をいう。この場合、自分をひきつける欲求を、「正の誘意性」といい、逆

に自分を遠ざけようとする欲求を「負(マイナス)の誘意性」という。

コンフリクトには、つぎのような形態がある。

(1) 正の誘意性対正の誘意性——休日に映画に行こうか、親友の家に行こうか、また自分にとってよい二つの縁談が同時に生じた場合。

(2) 負の誘意性対負の誘意性——勉強は嫌いだが、落第も困るとか、また宿題はやりたくないが、罰を受けたくない場合。

(3) 正の誘意性対負の誘意性——高級な牛肉は食べたいが、値段が高いとか、一流大学に入りたいが、入学試験が難しすぎる場合。

第3節　適応機制と不適応行動

1　適応機制の形態

適応とは、個人の欲求と他者の欲求とがそれぞれ充足され、両者とも満足した状態をいう。したがって、適応は心理的に安定した状態であるといえる。これに対して、両者の欲求が充足されず、不満足な状態を、不適応といい、心理的に不安定な状態を生じる。

適応機制（防衛機制）とは、フラストレーションやコンフリクトに陥ったとき、何とか欲求を充足させようとして試みられるいろいろな行動様式をいう。その主なものをあげると、つぎのようになる。

(1) 抑圧——欲求を無意識的に意識の世界から抹消して（無意識の世界にもたらすことによって）、フラストレーションのない状態にすることである。抑圧される内容は、不快な観念・性欲・敵意・攻撃欲等である。

(2) 合理性——自分の失敗や無能力を認めず、何らかの理由を見出して、自分の立場を正当化することである。『イソップ物語』にある、すっぱいブドウの論理である。

(3) 同一視（同一化）——自分の欠点や弱点を補うために、自分より優れた人と自分とを同一にみようとすることである。自分の尊敬する人の言動を模倣したり、映画・演劇の主人公に熱中するような場合をいう。

(4) 投射——自分の欠点や弱点に劣等感をもつ者が、それらの欠点・弱点は他人も同様にもっていると考えることにより、自分の劣等感を解消しようとすることである。たとえば、自分が不誠実な場合、これを他人に転嫁して、他人を不誠実だという場合である。

(5) 反動形式——ある欲求を隠蔽するために、正反対の行為をすることである。たとえば、子どもに憎しみを抱いている継母が、その子を無性にかわいがり、甘やかす場合である。

(6) 逃避——苦しい状況・場面から、逃れることである。たとえば、失恋の結果、修道院に入るとか、病気・空想・アルコール等にのめり込むような場合である。

(7) 退行——発達の前段階に逆戻りし、自分の欲求を充足させることである。児童期になっても、指しゃぶり・幼児語を使う場合である。

(8) 代償——もとの対象よりも価値の低いもので、欲求を充足させることである。たとえば、キャンプに行きたがっている子どもが、それがだめになると、テレビ・ゲームで我慢するような場合である。

(9) 補償——身体的・精神的に劣っていると感じるとき、これを補って、劣等感を解消することである。デモステネスは生まれつきの発音障害であったが、これを克服して古代ローマ・最大の雄弁家になったような場合（補償過剰）や、身体に欠陥のある人が、努力して、スポーツマンになるような場合である。

(10) 昇華（純化）——もとの対象よりも、より高い価値をもつものを志向することである。性的欲求・攻撃欲求を、ストレートに充足する

のではなく、それをスポーツ・芸術・宗教（信仰）・学業等に置き換え、それらに専念し、成果を上げることである。

2　不適応行動の種類

適応機制によって、フラストレーションやコンフリクトを何とか回避・解消しようとするが、それが上手に処理し得ないと、最終的には、不適応行動をとらざるを得ない羽目になる。

不適応行動には、大別すると二つの形態がある。

(1)　非社会的行動——これは、自分自身のうちに立て籠り、社会との対応を拒否することである（社会的ひきこもり）。具体的には、他人と口をきかない・孤独になる・わがままをいう・嫉妬する・他人に強い恐れをもつ・情緒が不安定になる・かんしゃくを起こす等の行動をとることである。換言すれば、それは神経症的状態を呈することである。

(2)　反社会的行動——これは、他人を攻撃することにより、社会に好ましくない影響を与え、社会を混乱させることである。具体的には、うそをいう・他人のものを盗む・家出をする・放火する・浮浪者になる・残忍な行為に出る・性的暴行等である。

第5章 学習と記憶

第1節　学習の概念

　学習とは、一定の経験をすることにより、行動に永続的・進歩的な変化をもたらすことをいう。
　この定義で、経験は後天的な行為であることから、遺伝的に規定される成熟とは区別される。また、その行動が永続的に変化することから、一時的・感覚的適応とは区別される。さらに、進歩的・永続的な変化をもたらすことから、疲労・心的飽和と識別される。
　このように、学習は、現実における体験を通して、行動を適切かつ有効なものへと改善することである。そして、学習には、大別すると、つぎのような形態がある。

（1）　知識修得学習
　これは、知的内容を理解し、吸収していく学習であり、学校教育の中心テーマである。古来、知育といわれてきたものであり、多くの知識・知見を吸収することが、その目標とされる。

（2）　態度修得学習
　態度とは、行動への構え・傾向をいう。数あるなかから、ある行動を選択するということは、その行動を評価することであり、そこには、一

定の価値観が伴う。したがって、この学習では、望ましい態度を形成することが、その目標となる。これは古来、徳育といわれるもので、人間形成にとって不可欠な学習形態である。

そして、両者の学習が基盤となって、その上に多くの学習（問題解決・技能）が展開されるのである。

第2節　学習の理論

1　条件反射説

これは、パブロフ（Pavlov, I. P.）によって提唱された学説であり、つぎのように説明される。

犬に食物を与えると、自然と唾液を分泌する。このとき、食物のように、本来反射を引き起こす刺激を、「無条件刺激」といい、この無条件刺激によって引き起こされる反射、ここでは唾液を出すという行為を、「無条件反射」という。

ところが、ベルを鳴らすと同時に、食物を与え続けると、犬はベルの音を聞くだけで唾液を分泌するようになる。この場合、ベルの音のように、新しい反射を引き起こす刺激を、「条件刺激」といい、それによって引き起こされる反射を「条件反射」という。

このように、本来生理的に無関係な刺激（ベルの音）によって、一定の反応が成立するとき、条件反射が成立したといい、この現象を「古典的条件づけ」という。図5-1は古典的条件づけの過程を示している。条件刺激のあとに無条件刺激を与える手続きを強化（reinforcement）といい、試行回数が増すにつれて条件反射の強度が高くなる。ある時点で無条件刺激を与えるのをやめ、条件刺激だけ与え続ける。この手続きを

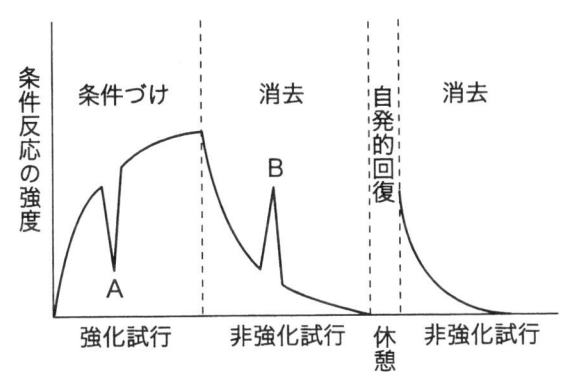

図5-1　古典的条件づけの過程

消去（extinction）というが、試行が増すにつれて条件反射の強度が減少し、ついには反射ゼロになる。しかし、休止のあと条件刺激だけを与えると、条件反射が自然回復（spontaneous recovery）する。これまでに、古典的条件づけは動物のみならず、人間も含めて、唾液以外のいろいろな場合にも成立することが確認されている。

2　試行錯誤説

　これは、ソーンダイク（Thorndike, E. L.）によって体系づけられた理論であり、つぎのように説明される。
　空腹のネズミをスキナーボックス（レバーを押すと、自動的にえさが出るしかけのしてある箱）に入れると、盛んに動き回るが、偶然レバーに触れ、それを押すと、えさが出て来ることをネズミは体験する。これを何回も繰り返し行うと、つぎにネズミをこの箱に入れると、ネズミはすぐにレバーを押し、容易にえさを得ることができるようになる。この場合、レバーが条件刺激であり、レバー押しが条件反応で、えさが無条件刺激になる。

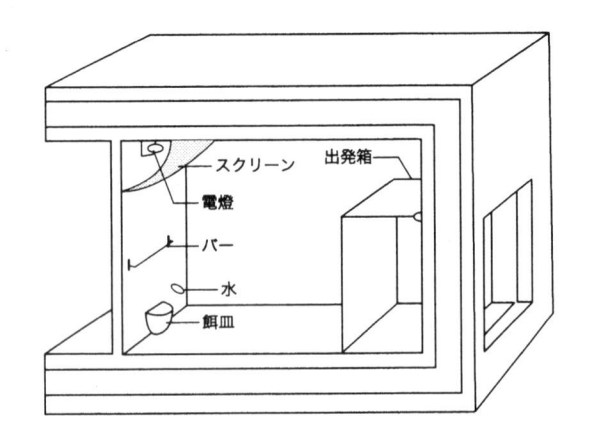

図5-2　初期のスキナー箱（スキナー、1938）

　このように、一定の学習されるべき反応（レバー押し）が起こらないと、無条件刺激（えさ）が与えられない場合の手続きを、「道具的条件づけ（オペラント条件づけ）」という。ここでは、学習反応が無条件刺激を得るための道具や手段になっている。この場合、報酬（えさ）を与えるとその反応（レバー押し）が強化・促進され、逆に報酬を与えないと、その反応は弱化・退化する。これを、「効果の法則」という。

3　洞察説

　これは、ケーラー（Köhler,W.）が類人猿の行動観察をベースにして提唱した理論である。それを示すと、つぎのようになる。
　部屋の天井にバナナが吊り下げられ、床には一本の棒が置かれている。その部屋に空腹の類人猿を入れて、バナナをどのように入手するかを観察した。類人猿はバナナに届かないとわかると、じっと考えた後、突然床にあった棒を使ってバナナを叩き落とすことに成功した。また、別の

実験では、棒の代わりにいくつかの箱が置かれている。類人猿はいろいろな動作をした後、突然箱を積み重ね、その上に乗ってバナナを取るという行動を示した。

このように過去のいろいろな学習の結合を基盤にして、突然新しい行動が形成される過程を、「洞察」という。

これはまた、場面の状況をいろいろ観察しているうちに、場面全体の構造が突然変化することによって問題解決が招来されることから、「認知構造の変化」・「観点変更」・「重心移動」等ともいわれる。人間の行う発明・発見の大半は洞察によるものといえる。身近な例としては、図形に関する難問に対決しているとき、偶然補助線を一本引くことにより、解答が得られるような場合があげられる。

4 情報処理説

これは、人間の認知機能を、コンピュータの情報処理機能に類比させ、人間の認知活動を情報処理活動とみなす立場である。

認知とは、人間がものごとを見たり・聞いたりして、その内容を記憶し・理解し、必要なときに、記憶した内容や理解した内容を正確に表出する過程をいう。したがって、学習と記憶は密接な関係にあるといえる。たとえば、ある文法についての理解を深めるために、学習をしたとする。その場合、文法構造を何らかの方法でコード化し・理解する。貯蔵された記憶が必要なときに検索が行われ、話す・書くといった行動出力（再生）が可能になる。出力した内容が正しければ、学習が成立したと考えられるのである。

つぎに、人間の情報処理とコンピュータ・アナロジーの様子を示すと、図5－3のようになる。

図5-3

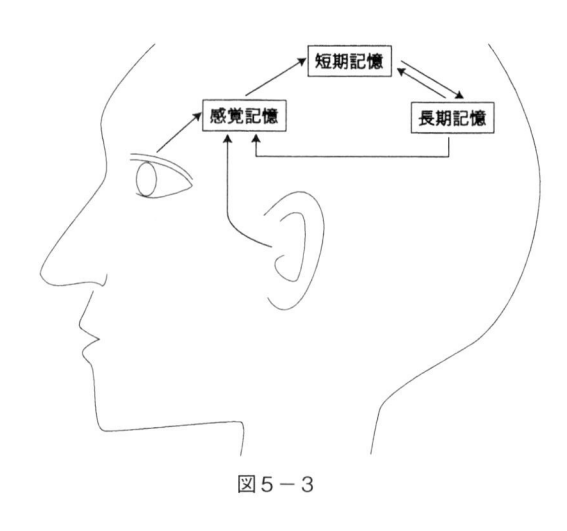

(1) 感覚記憶

目や耳等の受容器によって、文字・形を見たり、音・声を聞き、それを感覚受容器が一時保存する過程をいう。コンピュータでは、情報の入力に相当する。

(2) 短期記憶

感覚登録器から送られてきた情報をまとめて10秒程度保存しておき、意味解釈したり・理解したり・前後の情報を関連づけたりする段階である。コンピュータでは、入力された数字・文字の意味解釈や演算処理に相当する。

(3) 長期記憶

短期記憶の段階で解釈され、意味づけられた情報は、長期記憶に送られて、そこに保存される。この部分は多量の情報の貯蔵庫であり、知識として活用できるようになっている。コンピュータでは、データが多量に保存されている記憶部分に相当する。

長期記憶は3つに大別される。
(1) 世界に関する知識・規制・概念・言語等の知識の記憶であり、意味記憶と呼ばれる。
(2) 今日、誰に会い、何を食べたかという個人的な記憶で、エピソード記憶と呼ばれる。
(3) 道具が使えたり・ゲームができたりするときにはたらく記憶であり、手続き記憶と呼ばれる。

第3節　記憶と忘却

1　記憶の概念

　記憶とは、ものおぼえ（記銘）、そのおぼえた内容を長く保ち続け（把持・保持）、必要なときに、それを思い出したり（再生）、前に経験したことがあると感じたり（再認）することをいう。すなわち、記銘・把持・再生・再認の全過程を記憶というのである。

　なお、最近の認知科学における研究では、人間という情報処理システムのなかで、一定時間、情報を保持するための装置のすべてを、記憶と定義している。すなわち、記憶を頭のなかの情報保持機構と考えるのである。したがって、記憶は感覚情報保持（視覚的・聴覚的等）・短期記憶・長期記憶等から構成される。そして、このような研究から、記憶は記憶内容の意味や構造に依存するという事実が明らかにされている。

　記憶には、一般に機械的記憶と論理的記憶がある。前者は丸暗記ともいわれ、意味がわからなくても、全部おぼえてしまう場合の記憶である。そのとき、数字・年号・地名・人名等は、ただ丸暗記するのではなく、意味のある名称に置き換えたり、一定のふしをつけておぼえる方法があ

る。たとえば、鎌倉幕府の成立年代（1192年）を１１９２つくる鎌倉幕
　　　　　　　　　　　　　　　　　　　　　　　イイクニ
府……とか。そして、このような人為的操作を系統的に発展させたもの
を、「記憶術」という。なお、機械的記憶は14・15歳頃までに急速に発
達し、20歳頃に頂点に達し、以後下降するといわれている。

　それに対して、後者は意味を考え、それをベースにしておぼえる場合
である。これは、記憶する内容の意味を深く理解した上でおぼえること
から、意味記憶ともいわれる。論理的記憶は11歳頃から次第に発達し、
やがて機械的記憶を凌駕していくと考えられる。

　また、記憶には、聴覚的記憶と視覚的記憶とがある。前者は耳を通し
ておぼえることであり、後者は目を通しておぼえることである。一般に、
小学校低学年では聴覚的記憶の方が優れており、学年が進行するにつれ
て、視覚的記憶が優勢になる。しかしながら、どちらが優位になるかは、
その人間の性格によって異なるのが実状である。また、学習教材や学習
者の経験等が大きく関与することも指摘されている。

2　忘却の心理

　忘却とは、記憶した内容を明確に思い出せなかったり、完全に忘れて
しまったりすることである。エビングハウス（Ebbinghaus, H.）の忘却
に関する研究は有名である。それを示すと、つぎのようになる。

　まず13項から成る無意味綴（子音—母音—子音の文字綴りからなる
PAHやYOSのような）8系列を素材にして、これを続けて2回正しく
いえるようになるまで学習させる。つぎに、一定時間後（19分、1時間、
8.8時間、1日、2日、6日、31日）にその素材を再学習させ、2回続
けて正しくいえるようになるまでの時間を測定した。これと最初の学習
（原学習）に要した時間とから、つぎのようにして、「節約率」＝「把持

率」を求めた。すなわち、

$$節約率 = \frac{（原学習に要した時間）-（再学習に要した時間）}{（原学習に要した時間）} \times 100$$

そして、それを 100 から引いた値を、「忘却率」と考えた。その結果を示すと、つぎのようになる。また、これをグラフにしたのが、有名な忘却曲線である。

これによれば、学習後、1 時間で 50％以上、48 時間で 70％以上を忘却し、それ以後は比較的忘却が少なくなることが了解される。

ところで、この研究では、把持量は時間が経つにつれて、減少して行くことになるが、学習終了後、把持が減少する代わりに、逆に上昇することが、バラード（Ballard, P.B.）によって確認された。この現象は、「レミニッセンス（reminiscence）」といわれる。その理由としては、休憩中に疲労がなくなるから・復習ができるから・妨害の反応が消失するから・だといわれている。たとえば、今は一年中可能であるが、とくに水泳は冬の間に上達し、スキー・スケートは夏の間に上手になるのは、レミニッセンスによるといわれている。

つぎに忘却がなぜ生じるか、についてみよう。これには、いろいろな理由があるが、その主なものをあげると、つぎのようになる。

(1) 不使用による場合——これは、おぼえたものを使用しないから、忘却が生じるというのである。しかしながら、不使用の間にも、忘却が起こらないこともあり、またレミニッセンスという現象もあることから、この説明では、不十分といえる。

(2) 遡及禁止による場合——これは、最初の学習後に行う第二の学習が最初の学習を妨害するために、忘却が生じるというのである。同じ内容の学習において、学習後に睡眠をとった方が、起きて活動しているよ

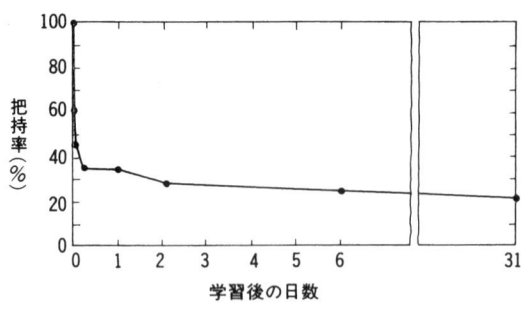

図5-4 エビングハウスの把持曲線

表5-1
エビングハウスの忘却率

経過時間	把持率	忘却率
0.33	58.2	41.8
1	44.2	55.8
8.8	35.8	64.2
24	33.7	66.3
48	27.8	72.2
6日	25.4	74.6
31日	21.1	78.9

りも、忘却が少ないことから、この説明には、ある程度妥当性がある。

(3) 抑圧による場合——これは、不快なものは意識の世界から無意識の世界に抑圧されるので、忘却が生じるというのである。これは、精神分析の立場であり、一般に快的なものは不快なものよりも、よく把持されることから、この理由はある程度事実といえる。

第4節　効果的記憶法

効果的に記憶するということは、忘却をいかにして防止するかということである。そのための方法を示すと、つぎのようになる。

(1) おぼえようと努力することが大切である。そのためには、自分にはおぼえられるのだという自信をもって、あせったり、イライラしたりせず、じっくりと取り組む姿勢が肝要である。

(2) おぼえようとするものについて、意味や内容を十分理解することが大切である。丸暗記はすぐに忘却するので、避けた方がよい。

(3) おぼえようとする内容が長くて難しい場合は、いくつかの段落に区切って、段落毎におぼえると効果がある。このように段落を区

切って行う学習形態を、「分習法」という。これは、学習材料が長いときに、効果があるといわれている。

(4) おぼえる時間を一度に長くしないで、時々休みを入れると効果がある。これは、詰め込み主義は避けた方がよいということである。このような学習形態は、「分散法」といわれる。それに対して、一定時間、休みを入れずに行う学習形態を、「集中法」という。そして、一般に集中法よりも分散法の方が効果的であるといわれている。その理由としては、休みを入れると疲労が回復するから・記憶の痕跡が安定し、よりよく保存されるから・復習ができるから・妨害となる反応が消失するから・だといわれている。

(5) 一度おぼえただけで満足せずに、何回も反復・復習することが必要である。

(6) ただ漫然とおぼえるのではなく、要点はとくに自分なりに整理しておぼえることが大切である。

(7) 意味やふしをつけておぼえると忘れる確率が減少する。とくに、年代・地名・元素記号等には有効である。

(8) 一つのことをおぼえた後、しばらく休んで、その後で全く別の新しいことをおぼえる方が効果的である。これは、似たものを繰り返しおぼえると、混乱が生じ、記憶が妨害されるからである（遡及禁止）。たとえば、歴史の内容をおぼえた後に、また歴史をやるのではなく、つぎに、物理の数式をおぼえた方がよいということである。

第6章 思考と知能

第1節　思考の概念

　思考とは、内・外の環境に適応するために、記憶によって頭脳に貯蔵された内容を十分に活用し、日常生起する問題を解決することである。そして、そのために、思考は概念を形成したり、判断を下したり、推理をしたりといろいろな機能を展開する。

　概念とは、抽象的な思考によって抽出された共通の特性を総合・整理し、それをことばで表現した観念（考えられたもの）である。たとえば、猫とライオンを比較し、両者に共通した特徴（背骨の状態が似ている・肉食である・歯が鋭い・運動が敏捷である・子どもを乳で育てる等）を抽出し（抽出作用）、それらをまとめて、「食肉類」とか、「哺乳類」という概念で示すことである。このように、概念を構成するためには、事象の比較・抽象・統括・命名という過程が必要となる。

　また、判断とは、二つ以上の概念がどういう関係にあるかを特定することである。具体的には、概念間の肯定または否定の関係をいう。たとえば、猫は動物であるとか、鯨は魚類ではない、というような場合である。

　さらに、推理とは、予め知られていることを前提にして、そこから新

しい知識・結論を導き出すことをいう。推理には、つぎのようなものがある。

(1) 演繹推理

これは、一般的判断から特殊な（個別な）判断を導き出すことである。たとえば、すべての人間は死すべき存在である。Aは人間である。故にAは死すべき存在である、という場合である。

(2) 帰納推理

これは、特殊な（個別な）判断から一般的判断を導き出すことである。たとえば、Aは死すべき存在である。Aは人間である。故に人間は死すべき存在である、という場合である。

(3) 類比（類推）推理

これは、特殊な（個別な）場合から他の特殊な場合を導き出すことである。たとえば、AとBは全く同じ性質をもつとする。そして、Aは①・②・③の性質をもち、Bは①・②・③・④の性質をもつとき、Aもまた④の性質をもつであろう、という場合である。

第2節　思考の形態

1　再生的思考

これは、過去の記憶をベースにして、問題を解決することである。したがって、その問題は過去に体験したものであることが前提とされる。すなわち、それをこのようにして解決したということが記憶としてインプットされているので、類似した問題に対しては、同じ方法で解決することが可能になる。

たとえば、連立方程式を解く場合、その解答方法を体験・修得してい

れば、つぎに、同じような問題を出されても、過去の記憶をベースに解くことができるのである。

2 創造的（生産的）思考

これは、問題を解決するとき、過去の体験・知識を活用するだけでなく、さらにそれらをいろいろと組み合せて、全く新しい解決の方法・手段を導き出すことである。

これは、とくに発明・発見の天才・達人といわれる人が行う思考である。いわゆる頭がよいというのは、たんに過去の体験・記憶を再生するだけではなく、日常生起する複雑な諸問題を創造的思考によって解決できる人をいうのである。このように考えると、受験秀才といわれる人は再生的思考に優れていても、必ずしも創造的思考に優れているとはいえないといえよう。

3 帰納的思考

これは、具体的な事象を検討し、そこから一定の法則・原理を導き出すことである。これは一般に、自然科学的方法といわれる思考法である。科学的方法とは、ある事象について、ある仮説を定立し、それに基づいて実験・観察を反復する。そして、その結果が仮説と一致するか・否かを検証する。もし一致すれば、その仮説は法則・原理として定立される。この場合、ある特定の仮説に対して、繰り返し行う実験・観察を通して、一定の法則・原則を導き出そうとするところに帰納的思考が採用されている。

4　演繹的思考

これは、帰納的思考の逆で、一般的法則・原理を具体的事象に適用することにより、さらに新しい法則・原理を導き出すことである。その意味で、これは創造的思考には不可欠な思考といえる。

5　直観的思考

直観とは、推理や判断のプロセスを経過しないで、直接もの・ごとをとらえることである。したがって、直観的思考はある問題に対する解決を、直ちにこれだと断定することである。これは、もの・ごとを理知的・合理的にとらえるのではなく、感性を主体にとらえることを意味する。それが妥当であるか・否かは一概に断言はできないが、合理的に解決のできない問題（複雑な人間関係）に対しては有効であるといわれている。

6　分析的思考

これは、もの・ごとを合理的にとらえ・考えることである。これは一般に事物間の関係を処理するのに有効である。それは科学的方法によるので、明快な結論が招来されるからである。しかしながら、対人関係のトラブルの処理に対しては、あちらを立てればこちらが立たず、という結果を招き、必ずしも有効とはいえない側面がある。

第3節　思考の発達

思考は一般に具体的・自己中心的思考から、概念的思考へ、さらに抽象的・論理的思考へと発展する。

思考の質的変化については、ピアジェ（Piaget, J.）の説が有名なので、

それを示すことにする。

1　操作期以前

これは、満1、2歳頃から満6歳位までの時期で、直観や印象によってものごとをとらえる段階をいう。この時期では、未だ論理的な判断・推理はみられない。たとえば〝このビー玉は、なぜ水に沈むのか〟という問いに対して、〝小さいから〟と答えるように、その説明は視覚的な印象に基づいて判断されるのである。

2　具体的操作期

これは、満7歳から11歳頃までの時期で、いろいろなものごとの関係や経験を、自分本位の原理・原則で説明しようとする段階である。たとえば、軽いものは水に浮き、重いものは沈むということは理解しているが、それでは、〝大きい船はなぜ沈まないのか〟と質問すると、〝大きな船は幅が大きいから沈まない〟と答える。このように自分なりの経験に基づいてものごとの判断はできるが、未知のことがらに対しては的確な判断ができない。それは、具体的・実際的な操作ができる場合は、正しい判断はできるが、そうでないと、全く手掛りをつかむことができないからである。

3　形式的操作期

これは12歳以後の時期で、自分の経験に基づいて仮説を立て、それを実験・観察し、もし矛盾があれば、別の仮説を立てて、それを検証し、一般的な原理・法則を成立しようとする段階である。そして、その原理・法則を未知の事象にも適用し、さらなる原理・法則を追究しようとする。

これは、論理的推理・判断ができ得ることを意味する。

第4節　知能の概念と構成

　知能とは、知性の程度を意味する。「知性」とは、新しい問題状況に直面したとき、盲目的・本能的な方法によらずに、それを合理的・理知的に思考し、能率的・効率的にその課題を処理し、その状況に適応し得る総合的な能力といえる。したがって、知能はそういう能力が高いか・低いかという程度を示すのである。

　また、知性と同じように使われる語に理性という語がある。理性は感性（知覚によって生じる心的体験のすべてや自然的欲求）や知性を基盤にして形成され、動物にはみられない人間固有の能力である。フロム（Fromm, E.）は理性について、「理性は深さという第三の次元をもち、それによって、事物や過程の本質に到達することができる。その機能は事物を了解することによって、それを知り、理解し、把握し、自分とそれとを関係づける点にある。その場合、理性は事物の本質を見出すために、その表面からより深い所に入り込み、単に実際的なものとの関係をもつばかりではなく、考え得るあらゆる見通しと次元とを把握するのである。それゆえ、事物の本質に関心をもつということは、表面的・偶然的な様相を切り捨て、現象の包括的・普遍的な特性に関心をもつことなのである」という。

　このように、深さという第三の次元をもつことが、理性と知性を区別する最も重要な分岐点となる。すなわち、知性はもの・ごとの表面的な操作を通して問題の解決を図るのに対し、理性はものごとの本質にまで到達・追究し、その是・非を問うという機能を有するのである。

ところで、知能は総合的な能力の程度を意味することから、それは多くの独立した因子から構成されている。サーストン（Thurstone,L.L.）は知的活動において必要な因子を、因子分析によって検証し、つぎのような基本的因子を抽出した。

(1)空間的因子（S）　　　　平面図形や立体図形を視覚で知覚する能力。
(2)知覚的因子（P）　　　　知覚判断の速さに関係する能力。
(3)数的因子（N）　　　　　簡単な数計算の検査に含まれる能力。
(4)記憶的因子（M）　　　　与えられた材料を速く記憶する能力。
(5)機能的因子（I）　　　　与えられた材料から一般的・包括的原理を見出す能力。
(6)言語理解の因子（V）　　言語的概念を理解する能力。
(7)語の流暢さの因子（F）　復習や連想の速さ等に共通する能力。

わが国において、現在行われている団体知能検査は、このサーストンの多因子説に基づいて作成されている。

知能は一般に11、12歳頃までは直線的に上昇し、その後は比較的緩やかになり、17、18～20歳頃までに頂点に到達する。その後はその状態を維持し、30歳頃から次第に下降する傾向を示す。

しかしながら、知能の発達には、個人差があり、知能の優れた児童ほど急激な発達を示し、長い間進歩を続けるが、知能の劣っている者は、早く進歩が止まるか、あるいは衰退する傾向が早くからみられる。

また、知能は遺伝的要因による規定が大きいが、環境的要因によって

表6－1　知能の相関

血縁関係	相関係数
いとこ	0.27
父と母	0.46～0.49
親と子	0.45～0.49
同じ家庭の兄弟	0.45～0.55
二卵性双生児	0.53～0.70
一卵性双生児	0.88～0.97

も変化することが確認されている。知能の訓練の成果については、当初は効果が認められるが、それも一時的効果であることが確認されている。

さらに、近親者間の知能の相関について、グリーン（Greene, E. B.）の研究結果を示すと、表6-1のようになる。

第5節　知能検査

知能検査とは、ある人の知能がその年齢に相応しい発達をしているか・否かを、ある一定の基準に基づいて調査することである。

そして、その基準を設定するためには、まず知能を調べるための適当な問題を選定・作成する。つぎに、それを各年齢を代表すると思われる標本群に実施し、その平均点を求める。これが基準になり、これを基にして、個人の知能程度を評価するという手順がとられるのである。

知能検査には、文字や文章を用いる検査（A式）、文字や文章を用いずに、専ら絵画・図形・数字等を用いる検査（B式）、さらに、積木・ひも結び・描画等のような動作による検査（動作性検査）等がある。

知能検査の結果は、「知能指数」（IQ = Intelligence Quotient）や「知能偏差値」（T-score）として示される。

知能指数はつぎのようにして求められる。すなわち、

$$知能指数(IQ) = \frac{精神年齢(MA)}{満年齢(CA)} \times 100 \quad \left(\begin{array}{l} MA = Mental\ Age \\ CA = Chronological\ Age \end{array} \right)$$

ここで、精神年齢とは、知能検査において、何歳の知能検査の問題をどれだけ正解したかをベースにして割出された年齢である。たとえば、5歳の子どもが5歳用の知能検査において、ある程度の正解を得れば、その子どもの精神年齢は5歳であるという。したがって、その子どもが

10歳用の知能検査の問題を同じように正解できれば、精神年齢は10歳ということになる。この場合、前者の知能指数は、

$$IQ = \frac{5}{5} \times 100 = 100$$

となり、後者のそれは、

$$IQ = \frac{10}{5} \times 100 = 200$$

となる。そして、知能指数による知能段階は、田中・ビネー（Binet, A.）検査では、表6－2のように区分される。また、ターマン（Terman, L. M.）は表6－3のような段階区分をする。

また、知能偏差値とは、その人が同じ年齢の人達全体の中で、どの位の位置にあるかを示したものであり、つぎのようにして算出される。

$$知能偏差値 = \frac{[個人得点(X) - 集団平均得点(M)] \times 10}{標準偏差(SD)} + 50$$

$$標準偏差(SD) = \sqrt{\frac{\Sigma(X-M)^2}{N(人数)}} \quad (SD = Standard\ Deviation)$$

そして、この評価は、次頁表6－4のように区分される。

表6－2　知能指数による知能段階

知能指数	評語	100人中の人数
141以上	最上	1
125～140	上	6
109～124	中上	24
93～108	中	38
77～92	中下	24
61～76	下	6
60以下	最下	1

表6－3　知能偏差値による知能段階

知能偏差値	評語	100人中の人数
75以上	最上	1
65～74	上	6
55～64	中上	24
45～54	中	38
35～44	中下	24
25～34	下	6
24以下	最下	1

表6-4 知能の品等段階

I Q		
20or 25以下	白　　痴　(Idiot)	⎫
20or 25～50	痴　　愚　(Imbecile)	⎬ 知的障害
50～70	魯　　鈍　(Moron)	⎭
70～80	境界的欠陥　(Borderline Deficiency)	
80～90	遅　　鈍　(Dullness)	
90～110	正　常　知　(Normal Intelligence)	
110～120	上　　知　(Superior Intelligence)	
120～140	最　上　知　(Very Superior Intelligence)	
140以上	準天才または天才　(Near Genius or Genius)	

第7章 発　達

第1節　発達の概念と原理

　発達とは、人間の形態・構造・機能が分化・複雑化・統合化・精密化・有能化する進歩的な変化の過程をいう。これに対して、それらの側面が年をとるにつれて下降・衰微することを、「退化的発達」というが、この場合、前者は「進歩的発達」といわれる。

　発達を規定する要因としては、成熟と学習とが指摘される。

　成熟とは、身体の発達のように、身体内部の原因（主として遺伝的素質）によって生じる変化をいうが、これには、過程における成熟（maturation）とゴールとしての完熟（maturity）とがある。また、学習とは、すでに触れたように、経験を通して、言語・認知・思考・行動等が変化することをいう。

　そして、発達の一般的原理としては、つぎのようなものがある。

(1) 発達は連続的に起こる変化の過程であり、したがって、発達には、断続・飛躍はみられない。ある時期に著しくあらわれる特性は、その萌芽をずっと以前にもっているのである（予定の原理）。これは、連続性の原理といわれる。

(2) 発達は一定の方向性（中心部から末梢部へ）と順序（這う動作から

歩行へ）をもつ過程である。これは、順序性の原理といわれる。
(3) 発達はすべての機能が並行的に、しかも同じ速度で発達するのではなく、周期的にあらわれる。たとえば、身長の発達が著しいとき、体重の発達は抑制されるし、歩行の開始時期には、言語の発達が一時鈍化する。これは、周期性（顕著性）の原理といわれる。
(4) 発達は未分化の機能や器官が分化し、やがて各部分が統一のとれた体制へと統合されていく過程である。これは、分化・統合の原理といわれる。
(5) 発達には、個人差や性差がみられる。すなわち、先天的な素質・男女の別・環境の諸条件等によって、それぞれユニークな発達をするのである。これは、個人差の原理といわれる。

第2節　発達の理論

発達を規定する要因としては、つぎのような学説が提唱されている。

1　遺伝説（生得説）

発達は遺伝的素質によって推進され、したがって、身体的・精神的機能はすべて先天的に規定されるとする立場である。

能力の遺伝は2種類の方法で研究されている。

(1) 家庭的研究法——これは、一定の血統につながる個々人の間に類似の特徴があらわれるか・否かを調査する方法である。

これについては、ゴダード（Goddard, H. H.）の研究をあげておこう。かれによれば、カリカック（Kallikaks）一族には、2本の血統がある。その祖先はマルチン・カリカックという一兵卒であったが、最初は精神

薄弱の妻をもち、後に良家の娘と再婚した。第一の妻との間の子孫488名のうち、わずか46名が正常者で、他は売春婦・私生児・低能者等であった。後妻との間の子孫496名のうち、異常者は5名で、大部分は法律家・商人・医師・裁判官その他の専門的職業に従事した、といわれる。

(2) 統計的研究法——これは、ある特徴について、血統者相互の関係を相関係数の算出によって調査する方法である。

これによって、知的諸特性は大体0.50の程度で遺伝することが判明している。また双生児間の知能の遺伝の割合が、一卵性双生児で0.80〜0.90、二卵性双生児では0.50〜0.70であることが検証されている（62頁）。

2 環境説

発達は環境的要因の積み重ねによって、後天的に推進されるとする立場である。

フリーマン（Freeman, F.S.）等の研究によると、子どもと養父母との知能の相関が0.37に高められたという報告があり、また、教育環境の良好な地域社会に転出した子どもの知能が、上昇するという調査報告もある。

3 輻輳説

発達は遺伝的要因と環境的要因との輻輳（協合）によって推進されるとする、シュテルン（Stern, W.）の立場をいう。

輻輳とは、いろいろな要素がいろいろな方向から集まることによって、一つのものが形成されることを意味する。シュテルンによれば、人格は元来精神と物質との不可分の全体である。そして、内的性質と外的事情

とが相互に積極的に規定し合うことによって、全体としての人格が形成されるのである。

4　成熟優位説

発達は内部的要因としての成熟によって推進されるとする立場である。たとえば、排尿のしつけを行うためには、膀胱を統御する小脳皮質の部位の成熟（生後6カ月以後に活動開始）が不可欠であることを、マグロウ（McGraw, M. B.）は実証している。

このように、発達は学習・訓練よりも成熟の方が優位であることを主張するのである。

5　環境閾値説

閾値とは、刺激はある強さ以上になってはじめて知覚され、または反応を起こすが、この境目にある知覚・反応、またはそのときの刺激量を閾値という。したがって、これは、それぞれの遺伝的素質が実現されるためには、一定の閾値以上の環境的条件が必要であるという立場であり、ジェンセン（Jensen, A. R.）によって提唱された。たとえば、絶対音感（他の音と比較せずに、ある一つの音を聴いただけでその音の高さがわかること）等は、適切な環境条件に特定の学習・訓練が加わってはじめて実現されるといわれている。

第3節　発達課題

発達課題とは、人間が将来人格を備えた存在として発達していくために、それぞれの発達段階において、達成・学習しなければならない課題

をいう。これについては、ハヴィガースト（Havinghurst, R. J.）の体系的・組織的な研究があるので、その一部を次に紹介することにする。

表7−1　発達課題のリスト（ハヴィガースト，1952）

発達段階	発 達 課 題
乳・幼児期	歩行の学習
	固形食をとる学習
	話すことの学習
	排泄の学習
	性差と性的つつしみの学習
	生理的安定の達成
	社会的・物理的現実についての単純な概念の形成
	両親，きょうだいとの人間関係の学習
	善悪の区別，良心の学習
児童期	日常の遊びに必要な身体的技能の学習
	生活体としての自己に対する健康な態度の形成
	遊び仲間とうまくつき合うことの学習
	男子あるいは女子としての適切な社会的役割の学習
	読み・書き・計算の基礎的能力の発達
	日常生活に必要な概念の発達
	良心・道徳性・価値観の発達
	個人的独立の達成
	社会集団や制度に対する態度の発達
青年期	両性の友人との新しい，成熟した人間関係を持つこと
	男性または女性としての社会的役割の達成
	自分の身体的変化を受けいれ，身体を有効に使うこと
	両親や他のおとなからの情緒的独立の達成
	経済的独立のめやすを立てる
	職業の選択とそれへの準備
	結婚と家庭生活への準備
	市民として必要な知的技能と概念の発達
	社会人としての責任ある行動をとること
	行動を導く価値観や倫理体系の形成

（福沢周亮編，現代教育心理学，1982．教育出版による）

つぎに、エリクソン（Erikson, E. H.）の発達段階における「危機」についてみることにしよう。

かれによれば、危機とは、自我が成長・成熟するためにはどうしても

経過しなければならない関門であり、それを突破することによって、自我はより充実・成熟した段階に到達することができるのである。その意味で、それは発達課題であるといえる。自我の発達段階とそこに生じる克服しなければならない危機、およびその結果、修得される基本的道徳を表示すると、表7－2のようになる。

ここで、留意しなければならないことは、不健康なパーソナリティの構成要素が、健康なパーソナリティの構成要素を成立させるための不可欠の要因になっているということである。たとえば、基本的不信感を体験することによって、はじめて基本的信頼の意味が体得され、その結果、希望という徳を修得することができるのである。その意味で、両者はつねに相即不離の関係に立って、人間の成長・発達を規定しているのである。

表7－2　エリクソンの発達段階における危機

	発達段階	危　　　機 健康なパーソナリティの構成要素	対	不健康なパーソナリティの構成要素	基本的道徳
1	乳児期(誕生～2歳)	基本的信頼	対	基本的不信	希望
2	歩行期(2歳～4歳)	自立性	対	恥と疑惑	意志力
3	学童前期(5歳～7歳)	積極性	対	罪悪感	目的
4	学童中期(8歳～12歳)	生産性	対	劣等感	適格性
5	青年期(13歳～22歳)	同一性	対	同一性拡散	忠誠心
6	成人前期(23歳～30歳)	親密	対	自己吸収	愛
7	成人中期(31歳～50歳)	生殖性	対	停滞	世話
8	成人後期(51歳～　)	完全性	対	絶望と嫌悪	英知

ところで、このような発達課題は文化・社会および歴史・伝統等によって規定されることはいうまでもない。すなわち、日本には、日本の発達

課題があり、アメリカには、アメリカの発達課題があるということである。したがって、それをすべて画一的にとらえることには注意が必要であろう。

第4節　発達段階と特徴

1　胎児期

受精後16日から90日までを胎芽期といい、90日から180日までを早期胎児期、181日以後を後期胎児期という。

早期胎児期の約3カ月間に、重要臓器が形成され、第4カ月では、性別の判断が可能になる。また、後期胎児期に入る6カ月頃から、音楽の弁別ができるようになり、さらに胎児は母体の感情・情緒の変化を受容できるようになることが判明している。その意味で、母体の心理的安定が要請される時期といえる。

2　新生児期

出生から約4週間までをいう。1日のうちの大半を睡眠に費やしている。この時期には、反射運動が顕著にみられ、主なものとしてはダーウィン反射（把握反射）・吸啜反射・バビンスキー反射（足の裏を刺激すると、足の指を扇形に開く反射）・モロー反射（抱きつき反射）等がある。

3　乳児期

生後1カ月から1歳半までをいう。当初の行動は生物的プログラムに基づいて行われるが、それが歩行の開始・道具の操作・母子コミュニケーション等を通じて、次第に人間としてのプログラムへと変化しはじめる。

その意味で、母子関係の重要な時期といえる。

4 幼児期

1歳半頃から小学校入学（6歳頃）までの時期をいい、前期（1歳半から3歳頃）と後期（3歳から6歳頃）に分けられる。前期は家庭での生活が中心であるが、後期は幼稚園（保育園）の時期に当たり、仲間との遊びを通じて、自我を主張するようになることから、「第一反抗期」と呼ばれる。また、身辺のものごとに興味をもつことから、「質問期」ともいわれる。

この時期の心的特性を、ピアジェは「自己中心性（égocent-risme）」ということばで表現する。それは、自・他の区別ができず、自分の欲求・興味・関心・意図を中心にした外界への見方・考え方・関わり方を意味する。そこから、生物のみならず無生物に至るまで、自分と同じ顔貌（相貌的知覚）・気持ちをもって行動するとする「アニミズム」、自分の頭のなかで感じた表象が客観的に実在するとする「実在論」、自分の表象から直観的に太陽・月・星を人間がつくったとする「人工論」、自分の右手・左手はわかっても、面と向かった相手のそれはわからないというように、自分の立場を中心にものを同化する傾向、等が派生するのである。

5 児童期

6歳頃から12歳頃までをいい、学童期とも呼ばれる。この時期を前期（6歳から8歳）、中期（8歳から10歳）、後期（10歳から12歳）に区分することもある。

前期は新しい学校環境におけるルールに関心をもち、それを支配する

成人の権威に服従することから、「権威道徳時代」ともいわれる。中期は自己中心性が消えて、自・他の区別ができるようになるので、自分自身の行動に関心をもつようになる。後期は身体的・知的・社会的に成熟し、仲間に関心をもち、グループをつくって行動することから、「徒党時代」(gang age) と呼ばれる。

6 青年期

11～12歳頃から成熟（男子は25歳頃、女子は21歳頃）に至るまでをいう。この時期も、前期（11～12歳から14～16歳）、中期（14～16歳から17～19歳）、後期（17～19歳から21～25歳）に区分される。

前期は思春期ともいわれ、「第二次性徴」があらわれ、自我への関心が高まり、親の干渉を斥け・反抗するようになるので、「心理的離乳」期ないし「第二反抗期」ともいわれる。他方、「自我同一性」への確信のなさ（同一性危機）から、孤独感に沈みがちな時期でもある。中期は成人に対しては反抗的であるが、自閉的傾向から脱して、自分たちだけの仲間の団結に関心をもち、いわゆる「青年集団」(crowd) をつくって、社交性を伸ばす。後期は心身のすべてが成熟の頂点に達することから、自我の完成に関心が集中する。理想主義を掲げ、現実の社会環境に対して批判的・改造的になる。

7 成人期

21～25歳頃から60歳頃までをいう。社会人として社会の維持・発展に働くとともに、家庭を築き、次世代の子どもの教育に専念する。

8　老年期

　心身の各種機能が衰退する時期である。統計上の取り扱いでは、65歳以上をいうが、老化現象には個人差・性差がきわめて大きいといえる。

第8章 性格

第1節　性格の概念

　性格という語は、ギリシア語の $\chi\alpha\rho\alpha\kappa\tau\eta\rho$ に由来し、元来刻み込まれたもの（彫刻）を意味する。具体的には、硬貨に刻み込まれた模様等をいう。それが時代を経るにしたがって、硬貨等のものに刻み込まれた模様だけではなく、人間のうちに刻み込まれたユニークな特徴を意味するようになった。したがって、性格という語は、他人とは異なる、その人間固有の特徴をいうのである。

　つぎに、性格をこのように定義した場合、他人とは異なる、その人間だけにしかみられない固有な側面をどう規定するかによって、性格の意味内容も自ら変化してくる。すなわち、(1)精神の統合された全体を、性格と規定する場合（人格の概念）、(2)知的側面を知能とし、その他の情意的側面を性格と規定する場合、(3)感情的側面を気質とし、意志ないし行動の方向を、性格と規定する場合、等が考えられる。とくに、(3)の場合は、道徳的評価が包含されることからして、性格は倫理学の研究対象となり得る。

　つぎに、性格とよく似た語である人格（personality）についてみることにしよう。人格という語は、ラテン語の persona（仮面）に由来する。

古代ギリシアやローマでは、演劇の際、俳優が顔の表情をわかりやすく観客に示すために、また俳優が自己の役柄に徹するために、仮面を使用していたが、ペルソナとは、この仮面のことを意味する語である。それがしだいに仮面を被って演技を行う俳優を意味するようになり、それがやがて一貫してその役を演ずる人間そのものを指すようになった。したがって、人格とは、他人とは区別されるその人間の統合された特徴を意味する。それは、直接観察されたり、また経験されたりするものではなく、観察や体験を基盤にしてつくられた構成概念であり、その人間の行動を予測するための有効な手段となり得るのである。それゆえ、オルポート（Allport, G. W.）は人格を、「個人のなかにあって、その人の特徴的な行動と考えとを決定するところの、精神身体的体系の動的組織である」と定義し、その人間の首尾一貫した行動様式を重視するのに対し、キャッテル（Cattell, R. B.）は人格を、「人が与えられた状況において、何を行うかについての予測を可能にするものである」と定義し、その人間の行動予測にとって不可欠な点を強調するのである。

　このようにみてくると、人格はその人間が示す統合された秩序ある行動パターンであり、したがって、他人にとって、かれの行動予測を可能にする機能をもつことが了解されるのである。

　最後に、性格と人格との相違点についてまとめておくことにしよう。

(1)　性格がその人間の独自な個々の特徴を表示するのに対し、人格はそれらの個々の特徴を統合し、首尾一貫した特徴を表示する。換言すれば、性格がその人間のユニークな個性を表現し、他人との差異を強調するのに対して、人格はそういうユニークな個性をもったまとまりのある全体としての人間像を意味する。たとえば、ある人が「親切」で、「明るく」て、「社交性」がある（性格）とすれば、わ

れわれはかれのこのような個々の特徴をまとめて「外向性」のある人（人格）というのである。

(2) 性格は生得的な素質である「気質」を基盤にもつことからして、変容困難な「傾向性」を意味する場合が多いが、それに対して、人格は獲得的要因とのダイナミックな関係を通して形成されるので、変容される傾向が強いといえる。

(3) 性格は人格から、知能、気質の両側面を除去した意志的・情緒的側面を意味する。したがって、性格は価値判断の対象となる概念であるのに対し、人格はその人間に賦与された全体としての機能（能力）という事実関係を表示する概念といえる。したがって、これら両者の関係について、オルポートは明快にも、「キャラクターは評価されたパーソナリティであり、パーソナリティはいわば、価値を没却したキャラクターである」と断言する。

第2節　性格の構成

宮城音弥によれば、性格はつぎのような要素から構成される。
以下において、各構成要素についてみることにしよう。

1　気　質
(1) 意　味

気質（temperament）という語は、その語源（temperāment ＜ temprāre = to mix）から、天ないし神がいろいろなものを混合して人間をつくったが、その際、その混合如何によって、その人間だけにしかみることのできない性質ないし特徴が形成されるが、これを気質といった

ものと推察される。

　気質に関する定義としてはいろいろあるが、クレッチマー（Kretschmer, E.）のものが有名であり、一般に使用されている。かれによれば、「気質とは、固体全体の一般的特徴をなす情動性の全体的態度のことである」と定義される。そして、この「情動性」は「触感性」と「発動性」とから成り、前者はさらに、敏感とか鈍感とかいう「精神感受性」と、快活とか憂うつとかいう「気分状態性」とから構成される。他方、後者はいわば精神的速度であり、それには、精神的活動が行われる場合の速度である「一般的速度」と精神的活動が一様であるか、あるいはむらが多いかという「特殊のリズム」とがある。それをまとめると、表8－1のようになる。

　また、オルポートによれば、「気質とは、情緒的刺激に対する感受性、平時の反応の強度と速度、主な気分の性質、気分の動揺と強度を含むところの個人の情緒的性質の特徴的現象を指し、これらの現象は体質的構造に依存するものと考えられ、したがって、遺伝に起因するものと認められるものを指す」と定義される。

　このようにみてくると、気質は感性の基盤を構成し、生命を維持する

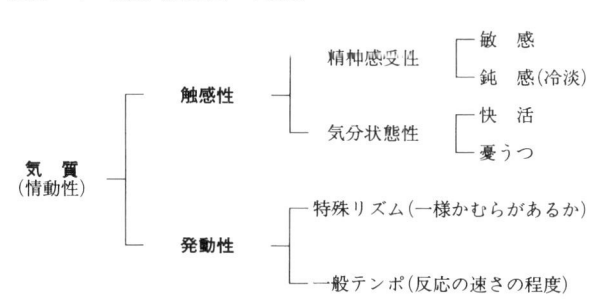

表8－1　気質（情動性）の構成

```
気　質      ┬ 触感性 ┬ 精神感受性 ┬ 敏　感
(情動性)    │        │            └ 鈍　感(冷淡)
            │        └ 気分状態性 ┬ 快　活
            │                     └ 憂うつ
            └ 発動性 ┬ 特殊リズム(一様かむらがあるか)
                     └ 一般テンポ(反応の速さの程度)
```

ための不可欠な機能を営むことが了解される。したがって、人間の理性や知性による高次の精神活動はすべて気質を前提にして成立するといえるのである。

(2) 類　型

類型とは、心身の特性を共通した性質を基準にしていくつかに分類することである。気質の類型としてはクレッチマーのものが有名である。かれは精神病と体型との関係に着目し、そこにかなりの相関がみられることを統計学的に実証した。それを示すと、次頁表8－2のようになる。すなわち、統合失調症と細長型、躁うつ病と肥満型、てんかんと闘士型である。そして、その成果を一般の人々にまで拡大解釈することによって、気質を三つの類型に分類したのである。それを示すと、つぎのようになる。

(1) 分裂気質

①非社交的、内気、生真面目、変人。

②臆病、敏感、神経質、興奮しやすい、自然および書物を友人。

③従順、無関心、鈍感。

(2) 躁うつ気質

①社交的、親切。

②明朗、ユーモアがある、活発、激しやすい。(躁状態)

③静か、落ちついている、柔和である。(うつ状態)

(3) 粘着気質

①鈍重、几帳面、固執的、情緒安定。

②クソ真面目、バカ丁寧。

③自己主張、爆発性憤怒。

なお、ここで①は基本的特徴であり、②と③は相反する特徴である。

表8-2 体型と精神病の関係

	症例数	細長型	闘士型	肥満型	発育不全型	特徴なし
てんかん	1,505	25.1%	28.9%	5.5%	29.5%	11%
統合失調症	5,233	50.3	16.9	13.7	10.5	8.6
躁うつ病	1,361	19.2	6.7	64.6	1.1	8.4

躁うつ病と肥満型、次いで統合失調症と細長型の関連が強い、てんかんは闘士型と発育不全型に分れる。

(出典：クレッチマー、F.『性格と体格』(相場均訳) 文光堂より作成)

2 気 性

　気性は宮城音弥によって提唱された概念であり、とくに乳・幼児期 (0歳から6歳) に形成される性格を意味する。この時期の性格は母親によって形成される側面がきわめて大きいことからして、気性はまた「家族的性格」と呼ぶことができる。

　同氏によれば、気性は図8-1のように分類される。

　つぎに、それぞれの気性の特徴を示すと、以下のようになる。

(1) 強気の人間

　①自我が強く、他人を考えない性格。

　②自我肥大、自信満々、戦闘的、積極的、外罰的 (他罰的)。

　③パラノイア反応。

(2) 勝気の人間

　①外向的で、他人に影響されやすい性格。

　②外罰的で暗示にかかりやすい。

　③虚栄心、芝居じみた行為、大げさな表情。

　④病気への逃避。

(3) 弱気の人間

　①内向的で、劣等感をもちやすい性格。

82　第8章　性格

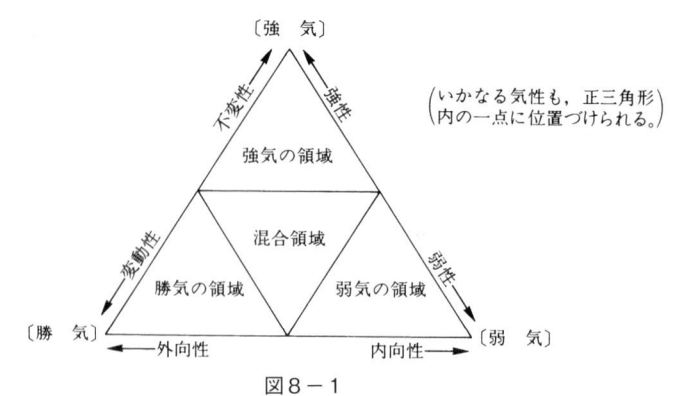

〔強気〕

不変性／強性

強気の領域

変動性　混合領域　弱性

勝気の領域　弱気の領域

〔勝気〕←外向性　内向性→〔弱気〕

(いかなる気性も，正三角形内の一点に位置づけられる。)

図8－1
(宮城音弥『新・心理学入門』岩波書店より作成)

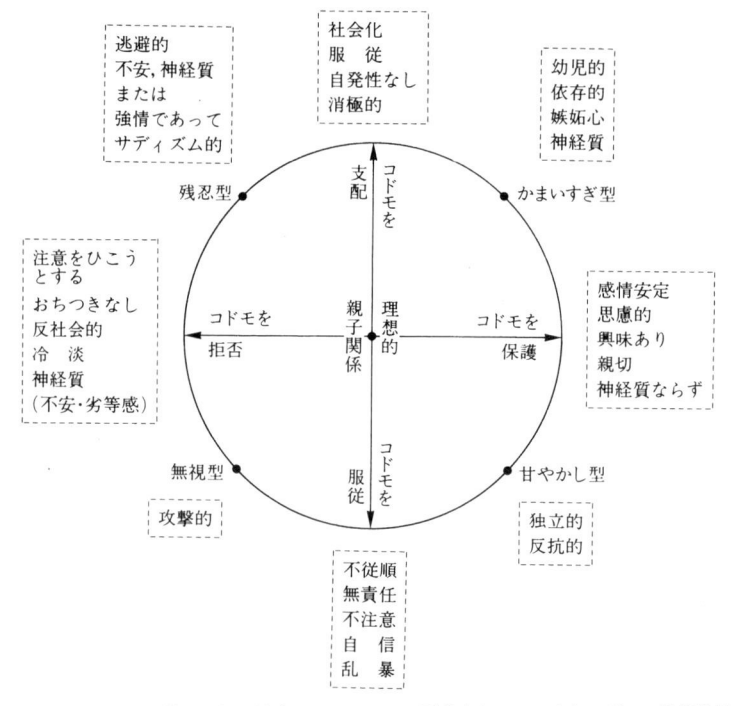

逃避的
不安，神経質
または
強情であって
サディズム的

社会化
服　従
自発性なし
消極的

幼児的
依存的
嫉妬心
神経質

残忍型　　コドモを支配　　かまいすぎ型

注意をひこう
とする
おちつきなし
反社会的
冷　淡
神経質
(不安・劣等感)

コドモを拒否　理想的　親子関係　コドモを保護

感情安定
思慮的
興味あり
親切
神経質ならず

無視型　コドモを服従　甘やかし型

攻撃的

不従順
無責任
不注意
自　信
乱　暴

独立的
反抗的

図8－2　コドモに対する親の態度とそれによって形成される，おもなコドモの性格特性
　　　　(点線の四角内)

②目覚めて夢みる人（逃避）。
③心気症、内罰的（自罰的）、不完全感情。
④精神的反芻（内省）。
⑤劣等感、強迫観念、恐怖症。
⑥自惚れと野心、妄想（敏感関係妄想）。

　さらに、同氏は気性の形成に大きな影響を与える親子関係の在り方について、サイモンズ（Symonds, P. M.）の研究をベースに、それをさらに詳細に整理し、図8－2のように示す。

3　習慣的性格

　習慣的性格とは、一定の社会や文化のなかで生活する人間が、その社会や文化を維持・発展させるために必要なルールを自らのうちに取り入れることによって形成された性格である。したがって、習慣的性格は一定の社会の成員に共通した心的特徴から構成されている。

　フロムはこのような習慣的性格の特徴を踏まえ、それを、「社会的性格」と呼ぶ。それは、「同じ文化に属しながら、各々がお互いに異なっているという意味での個性に対比して、同じ文化の大部分の成員が共有している性格構造の核心である」と定義される。したがって、その機能は、「特定の社会の人間のエネルギーを、その社会が持続して働くよう再構成する」ことにある。すなわち、それは、一定の社会に住む成員がその社会の枠組から食み出すことのないよう規制する機能をもつものである。

　このように、習慣的性格は社会や文化によって形成される性格であることからして、社会や文化のパターンが異なるにつれて、全く異なった性格が形成されることになる。それについて、ミード（Mead, M.）は

第8章 性格

ニューギニアの山地に住むアラペッシュ族と、湖辺に住むチャンブリ族と、河川地域に住むマンドグモール族の三つの部族の文化のパターンの相違が、パーソナリティの形成にどのような影響を与えるかを調査・研究した。その成果を表示すると表8－3のようになる。

また、社会的性格と個人の性格との関係は、図8－3のように示される。

表8－3

	アラペッシュ族	チャンブリ族	マンドグモール族
文化のパターン	女性的	文明社会と男女の役割が正反対	男性的
育児・躾	男女とも子どもの世話、躾は厳しくない、子どもに寛大。	厳しい躾はしない、母親は授乳、身体保護以外偶然的接触、1年後は父親が養育、児童期以後統制を行う。	子どもに無関心または拒否的、厳しく取り扱うが、必ずしも躾が厳しいわけではない。
性格特性	自己主張しない、他人に依存的、非攻撃的、協同的、愛情があり家庭的、温和、親切。	女性は経済（生産・消費）上の実権をもち、攻撃的、支配的、保護者的、活発、快活。男性は美術・工芸や祭祀に従事し、女性に対し臆病、内気、劣等感、陰険、疑い深い。	自己主張（とくに女性）が強い、所有欲、リーダーシップへの感情強い、攻撃的、非協同的、残酷、冷酷、粗暴、尊大。

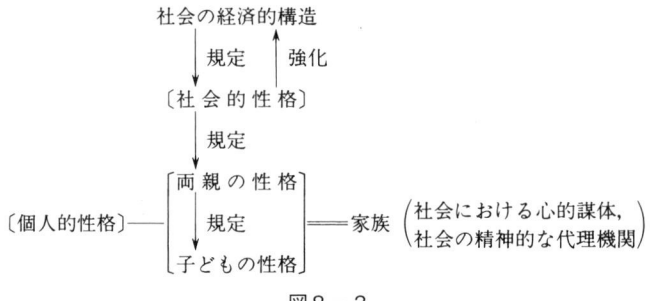

```
           社会の経済的構造
              ↑
         規定 │ 強化
              ↓
          〔社会的性格〕
              │
           規定│
              ↓
          ┌─両親の性格─┐
〔個人的性格〕─│  規定↓   │═家族 ⎛社会における心的謀体,⎞
          │ 子どもの性格 │      ⎝社会の精神的な代理機関⎠
          └────────┘
```

図8－3

4　役割性格

　役割性格とは、その人の社会における職業や地位等によって形成される性格である。たとえば、医者は患者に対して、配慮と自信をもって接するように、その人の社会的立場に対応した行為を通して形成されるのが、役割性格である。したがって、それは、社会的立場に相応しいよう意識的に振る舞うことによって形成されることからして、きわめて表層的・皮相的なものであり、ひとたびその職業や地位から退けば、おのずと消滅する性質をもつといえる。このように、それはある意味で、仮面としての役割をもつことからして、「仮面的性格」ということができる。

　古来、人間に対する誤解の源泉となったのは、まさに役割性格であった。なぜならば、人はそれをかれの真の性格と錯覚することによって、しばしば裏切られたり、背信行為の辛酸をなめてきたからである。それはあくまでも、表向きの、いわば外交辞令的な顔にすぎないのである。とはいえ、人間は元来、社会的な存在であることからして、社会生活を円滑に営むためには、役割性格の存在は無視することのできない要因といえる。このように、役割性格をポジティブにとらえるならば、社会の潤滑油としての意義が見出されるのである。

第3節　性格の分類

1　類型論

　類型論とは、多くの人間について観察し、そこから一定の特徴・原理を抽出し、その特徴・原理の有無や程度等によって、性格を分類する方法をいう。
　この立場は、歴史的には、遠くギリシアの時代にはじまり、現在に至

るが、とくに20世紀前半にドイツを中心に開花したのである。そして、何を一定の特徴・原理にするかによって、いくつかに分類される。それを示すと、つぎのようになる。

（1） 体質的・生物学的類型

(1) 体液説——医学の祖といわれるヒポクラテスから、ガレノスへ、さらに近世に入り、ホフマン、カント、ヴント、ノイマン等に受け継がれてきたが、現在では、空想の産物にすぎないとされている。ガレノスの場合を示すと、下のようになる。

表8-4　ガレノスの4気質と体液の関係

気 質	体 液	季 節	4元素	特 性	情緒性
多血質	血 液	春	空 気	陽気, 移り気	弱く広い
胆汁質	黄胆汁	夏	火	短気, 情熱的	強く広い
憂うつ質	黒胆汁	秋	土	陰気, 用心深い	強く狭い
粘液質	粘 液	冬	水	平気, 辛抱強い	弱く狭い

ヒポクラテスは四体液のバランスが崩れると病気になると考えた。ガレノスは体液の組み合わせによって気質の差が生じるとみなした。科学的根拠はないが、"生理的機能と性格"は現在にも通じるテーマである（藤永保他編『心理学事典』平凡社, 1981を参考に作成）。

(2) 血液型（A型・B型・AB型・O型）——この説も、現在科学的には否定されているが、信奉者は多い。

(3) 体型説——クレッチマーおよびシェルドン（Sheldon, W. H.）（内胚葉型—内臓型気質・中胚葉型—身体型気質・外胚葉型—頭脳型気質）等による分類法である。

(4) リビドー説——フロイト（Freud, S.）の立場である。

(5) 向性説——ユング（Jung, C. G.）の立場である。

（２）　哲学的類型論

(1)　ディルタイ（Dilthey, W.）──世界観の相違から、感性的人間・英雄的人間・思索的人間等に分類した。

(2)　シュプランガー（Spranger, E.）──文化価値の追求方向によって、理論人（真理）・経済人（富）・芸術人（美）・宗教人（聖）・社会人（愛）・政治人（力）等に分類した。

（３）　社会学的類型

(1)　フロム──同化および社会化の過程における態度によって、受容的構え・搾取的構え・貯蓄的構え・市場的構え・生産的構え等に分類した。

(2)　ホルナイ（Horney, K.）──基底不安に対する態度によって、従順型・孤立型・攻撃型等に分類した。

(3)　リースマン（Riesman, D.）──社会的性格の歴史的発展段階によって、伝統指向型・内部指向型・他人指向型に分類した。

2　特性論

特性とは、状況が変化しても、一貫して確認されるその人間の行動傾向をいうが、この特性の組合せによって性格を分類するのが、特性論である。

特性には、その人間特有の個人特性と一定の文化・社会圏や人類（種）に共通にみられる共通特性とがある。

キャッテルは、因子分析法によって、16の根源特性（共通特性）を抽出した。それを示すと、表8-5のようになる。

また、ギルフォード（Guilford, J. P.）は、積極的対消極的・反応的対非反応的・能動的対受動的・統御的対非統御的・客観的対自己中心的の10の特性を抽出している。この特性をベースにした矢田部達郎のＹ－

表8-5　キャッテルのパーソナリティ因子（根源特性）

	低得点記述	高得点記述
A	打ち解けない	開放的な
B	知能の低い	高い知能
C	情緒的	安定した
E	けんそんな	主張的
F	生まじめな	気楽な
G	便宜的な	良心的な
H	内気な	大胆な
I	タフ・マインド	テンダー・マインド
L	信頼する	疑り深い
M	実際的な	想像的な
N	卒直な	如才のない
O	穏やかな	気遣いのない
Q_1	保守的な	何でも試みる
Q_2	集団に結びついた	自己充足的
Q_3	行きあたりばったりの	統制された
Q_4	リラックスした	緊張した

キャッテルは因子分析法を用いて特性を導こうとする特性的性格理論を提唱した。彼は生活記録を中心にして12の根源特性を，質問紙法から4個の根源特性を抽出した。
（キャッテル，P. B. 『パーソナリティの心理学』（斎藤耕二訳），金子書房，1981）

G性格検査は有名である。そこでは、質問紙法によって12の特性の程度が測定される。それを示すと、表8-6のようになる。調査される12の性格特性は高得点ほど表の傾向が強くなる。

このように、持続論には、類型論にみられる過度の単純化や画一化が少なく、確実性と客観性はあるが、その反面、操作的に抽出された因子からは、性格の全体像が明確に浮かび上がってこないという欠陥がある。

表8-6　Y-G性格検査による12の性格特性

- D　抑うつ性 ……………　陰気、悲観的気分、罪悪感の強い性質
- C　回帰性傾向 …………　著しい気分の変化、驚きやすい性質
- I　劣等感の強いこと…　自信の欠乏、自己の過小評価、不適応感が強い
- N　神経質 ………………　心配性、神経質、ノイローゼ気味
- O　客観的でないこと…　空想的、過敏症、主観性
- Co　協調的でないこと…　不満が多い、人を信用しない性質
- Ag　愛想の悪いこと ……　攻撃的、社会的活動性、但しこの性質が強すぎると社会的不適応になりやすい
- G　一般的活動性 ………　活発な性質、身体を動かすことが好き
- R　のんきさ ……………　気軽な、のんきな、活発、衝動的な性質
- T　思考の外向 …………　非熟慮的、瞑想的および反省的の反対傾向
- A　支配性 ………………　社会的指導性、リーダーシップのある性質
- S　社会的外交 …………　対人的に外交的、社交的、社会的接触を好む傾向

3　折衷説

　アイゼンク（Eysenck, H. J.）は類型論と特性論の双方の立場を採用し、性格には、四つの水準からなる階層的体制があるという独自の性格構造論を展開した。それを示すと、図8-4のようになる。

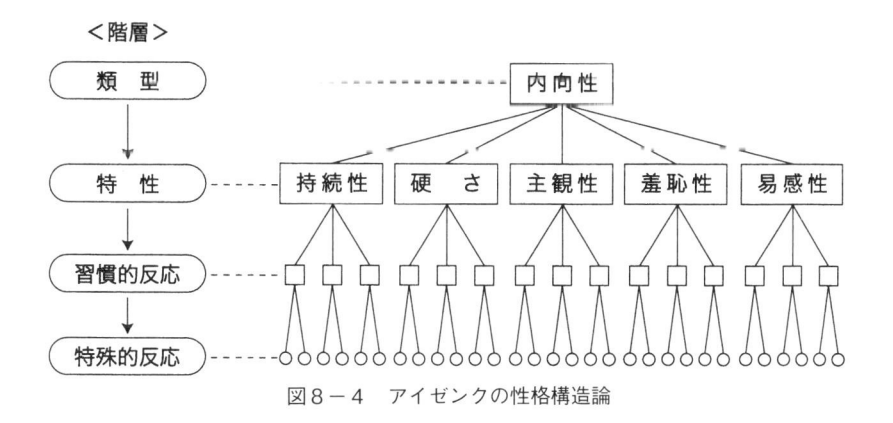

図8-4　アイゼンクの性格構造論

ここで、特殊的反応というのは、日常みられる具体的な反応である。また、習慣的反応とは、繰り返しあらわれる習慣的行動である。そして、習慣的反応のなかで相互にかなり高い相関を示すものが、特性である。さらに、特性の間で高い相関があるものが、類型である。

なお、アイゼンクは類型として、外向性・内向性・神経症的傾向・精神病的傾向の4つを抽出している。

第4節　性格の障害・疾患

1　神経症

神経症とは、心理的要因に起因する。精神および身体の両面にわたる機能的障害である。しかも、その障害は了解が可能でかつ可逆的であり、さらに、その障害発生には性格が大きく関与し、かつ病識が存在する症状である。

神経症は状態像によって、つぎのように分類される。

（1）　不安神経症

不安がそのまま主症状としてみられる神経症のタイプであり、神経症のなかで最も多い。これには、急性の不安発作を繰り返す「パニック障害」と、慢性の不安状態が続く「全般性不安障害」とがある。

（2）　ヒステリー

ヒステリーでは、神経症の基本症状である不安は表面上あまりみられない。これは不安やその原因となる心的葛藤が抑圧され、身体症状の方に置換されるからである。この機制を転換といい、この型のヒステリーを「転換型ヒステリー」という。そこにおいては、手足のまひやしびれ・目や耳の感覚障害・ふるえや全身のけいれん・頭痛その他の激しい

痛み等の劇的な症状があらわれるが、症状に見合う原因がなく、医学的原則と矛盾する。これに対して、身体症状ではなく、意識や人格の統合の障害としてあらわれるのを、「解離型ヒステリー」という。この場合、健忘（記憶喪失）・遁走（失踪）・二重人格等の現象がみられる。

（3）　強迫神経症

強迫観念とは、自分の意志に反してつまらない考えが浮かんできて、それにとらわれ追い払うことができない状態をいう。また、強迫行為とは、そのようなつまらない考えや衝動に支配されて行動へと駆り立てられ、それを止めようとしても止められない状態をいう。したがって、強迫神経症は自分でもその不合理さを自覚しているが、それを中止しようとすると強い不安が発生するので、結局は不安に負けて強迫観念・強迫行為を反復せざるを得ない症状をいうのである。

強迫神経症のなかで、最も多いのは、自分の行為が完全であったか・否かについて、絶えず疑惑が生じ、何度も確認せずにはいられない「疑惑癖」である。元来、几帳面・完全主義などの性格のもち主に多くみられる神経症である。

（4）　恐怖症

ある特定の事物や状況に対する病的な恐怖とそれを回避する行動をいう。恐怖も不安の一種と考えられるが、不安が対象のない恐れであるのに対し、恐怖は対象のある恐れであり、その対象の種類によって、つぎのように分類される。

(1)　広場恐怖症——広場だけでなく、商店街・デパート・劇場・乗り物・橋の上・トンネルのなか等、不安発作が生じたときに困るような場所や状況を恐れ避けるものである。そのため、これらの場所に一人で外出ができなくなるので、外出恐怖ともいわれる。

(2) 社交恐怖症——社交的な場面における恐怖症である。対人恐怖・赤面恐怖・視線恐怖等も皆同類である。他人と接する場面で強い不安や緊張が生じ、それを相手に気づかれては恥ずかしい・相手に不快な印象を与えるのではないか等と思い悩み、対人関係を避けるようになる。

(3) 単純恐怖症——上記以外の特定の事物に対する恐怖であり、ヘビ・ネズミ等の動物恐怖・高所恐怖・閉所恐怖・先鋭恐怖等がある。

(5) 心気神経症（心気症）

心気神経症は、不安が自分の身体や健康についての自信のなさや心配という形であらわれるタイプである。すなわち、心臓の鼓動や腸の蠕動等の正常な身体機能・小さな傷・たまに出るせきといったほとんど病的意義のない些細な身体的違和感に過度の注意を向け、それが何か重大な病気の証拠ではないかと解釈し、思い悩むのである。そのため、あちこちの医者や病院をまわって（ドクター・ショッピング）、精密検査を求め、異常がないといわれても信じることができず苦悩する。

(6) 抑うつ神経症

抑うつ神経症は、対象喪失、すなわち愛する両親・配偶者・恋人との別離、またそれまで支えとなっていた地位・職場・住居からの移動、さらに社会変動に伴う価値観・人生観の動揺等、対象との距離をめぐって混乱を生じ、対象を見失うことによって発病することが多い。性格的には、貪欲で、飽くことなくしがみつこうとする欲求をもっていることが多い。症状としては、憂うつな気分で、身体の疲労した感じがあり、強い不安等がみられる。

近年、従来のパターンとは異なる新しいタイプのうつ状態（病）が出現している。それは、とくに青年層にみられ不全観と倦怠、回避と他罰的感情、衝動的な自傷（自殺企図）を特徴とする。

（7） 離人神経症

離人神経症は、〝自分がもとの自分ではなくなってしまったような感じがする〟とか、〝自分が今まで親しんできた人や物が何となく疎遠に

表8-7 従来の神経症と現在のDSM, ICD-10分類（主なもの）

神経症	DSM-IV		ICD-10
不安神経症	不安障害	パニック障害 全般性不安障害	（他の不安障害） パニック障害 全般性不安障害
恐怖症		広場恐怖、特定の恐怖、社会恐怖、PTSD	（恐怖症性不安障害） 広場恐怖、社会恐怖、特定の恐怖
強迫神経症		強迫性障害	強迫性障害
心気神経症	身体表現性障害	心気症	（身体表現性障害） 心気障害
転換ヒステリー	解離性障害	身体化障害 転換性障害 疼痛性障害	解離性（転換性）障害	解離性健忘 解離性遁走 解離性昏迷 トランスおよび憑依障害
解離ヒステリー		解離性健忘 解離性遁走 解離性同一性障害 離人症性障害		解離性運動障害 解離性けいれん 解離性知覚麻痺 ガンザー症候群 多重人格障害
離人神経症			離人・現実感喪失症候群
抑うつ神経症	気分障害	気分変調性障害	気分（感情）障害

（髙橋三郎・大野裕・染矢俊幸訳「DSM-IV-TR 精神疾患の分類と診断の手引（新訂版）」医学書院，および，融道雄・中根允文・小見山実監訳「ICD-10 精神および行動の障害」医学書院に基づき作成。）

感じられる〟とか、〝自分の手・足が自分のもののような感じがしない〟といった諸症状を呈し、それらのことに思い悩む状態をいう。人格水準の低下は認められず、正常な人でも疲労困憊時には体験することがある。

なお、これらの神経症と、最近のアメリカ精神医学による診断基準（DSM－IV、1994）およびWHOの疾患国際診断基準（ICD－10、1992）との関係を示すと表8－7のようになる。

2　心身症

日本心身医学会によれば、心身症とは、身体の症状を主とするが、その診断や治療に、心理的因子についての配慮がとくに重要な意味をもつ病態である、と定義される。このように、心身症はまず身体の症状があって、その原因に心理的因子があり、したがって、その治療のためには、その心理的因子について、十分な配慮をしなければならない病態をいうのである。

つぎに、心身症とされている内科系の病気を示すと、表8－8のようになる。

また、発達段階にあらわれる心身症としては、表8－9のようなものがある。

最後に、神経症との相違であるが、従来神経症は精神症状の比重が大きく、症状が多発し、一過性で、移動しやすく、心因性に生じた機能障害であるのに対し、心身症は身体症状の比重が大きく、特定の器官に固定して、持続的に症状があらわれ、心的因子は病状形成の一要因にすぎず、しかもその症状は機能障害のみならず、しばしば器質的障害をも伴うと考えられてきた。

しかしながら、最近、シフネウス（Sifneos, P. E.）によって提唱され

第4節　性格の障害・疾患　95

表8-8　心身症がよくみられる内科系の病気
① 循環器系——本態性高血圧、心臓神経症
② 呼吸器系——気管支喘息、過換気症候群
③ 消化器系——胃潰瘍、過敏性大腸症候群
④ 内分泌・代謝系——神経性食思不振症、バセドウ病
⑤ 神経系——片頭痛、自律神経失調症
⑥ 筋肉・骨系——チック、関節リウマチ

表8-9　ライフサイクルと心身症
① 小児期——乳嫌い、愛情遮断性小人症
② 思春期・青年期——登校拒否、思春期やせ症
③ 成人期(中年期)——狭心症、糖尿病
④ 更年期——更年期障害、肥満症
⑤ 老年期——義歯神経症、神経性頻尿
⑥ 死の臨床

た「アレキシサイミア（Alexithymia)」という概念が心身症と神経症とを区別する基準として採用されている。アレキシサイミアとは、「失感情症ないし失感情言語症」と訳され、自分の感情がどうであるかに気づかず、また、それをことばで表現できにくい状態をいうが、心身症の患者には、この傾向が顕著であるのに対し、神経症の患者は感情への気づきとその言語表現は豊かであり、したがって、その傾向はないといわれている。

さらに、池見酉次郎は心身症の患者は失感情症の傾向だけでなく、身体の状態への気づきも鈍い傾向があるとして、それを、「失体感症」と呼んでいる。そのため、自分の身体の状態を無視して働き過ぎ、その結果、過労に陥りやすいといわれている。

3 精神病

　精神病とは、その状態が個人および社会にとって不都合なもので、〝自分が病気だ〟という病識または自己批判力を失う状態をいう。ここでは、二大内因性精神病である、統合失調症と躁うつ病についてみることにする。

　（1）　統合失調症
　　特有の精神症状としては、つぎのようなものが指摘されている。
⑴　対人関係における特有の障害——姿勢のかたさ・不自然なぎこちなさ・表情の少なさ・心の通じにくさ・プレコックス感（観察者に生じる表現できない特殊な感情）等。
⑵　主観的症状——世界没落体験・各種の妄想（迫害・心気・血統等）・対話性幻聴・作為思考・影響体験等。
⑶　客観的症状——自閉症的傾向や両価性等と呼ばれる特有の感情および意志障害・衝動的興奮や昏迷等の緊張病性症状・言語新作や支離滅裂思考等の思考障害等。
　原因としては、何らかの生物学的基盤の存在が推定されるが、明確な原因は特定できない。発生頻度は世界の多くの統計値からして、大体1000人あたり7〜9人位であり、これは多くの遺伝病に比較して非常に高い値であるといわれている。

　（2）　躁うつ病
　感情障害を主とし、周期的な経過をとり、後に精神的・人格的欠損を残さない。爽快な気分に伴われた興奮と、心理的に動機づけのない悲哀的気分変調を特徴とする。一般にうつ病期の方が躁病期よりも頻度が高い。
　うつ病は「抑うつ」気分と、それに伴う行動および思考の「抑制」を

主症状とする。

　抑うつはうつ病を特徴づける最も重要な症状であり、具体的には、気が滅入る・気が沈む・うっとうしい・空虚に感じる・つらいことがあっても悲しめないし泣けない・淋しさといっても感情を伴わない淋しさ等、いわゆる生気感情の異常がみられる。そして、これはまた、身体感情の障害と結合した気分変調でもあり、そのため、胸部・心窩部・胃・下肢等に感じられる重苦しい不快な圧迫感としてあらわれるが、これは「生気的抑うつ」といわれる。

　それに対して、抑制はおっくうである・根気がない・決心がつきにくい・あきっぽい等の症状としてあらわれ、程度が強くなると、全く周囲に無関心となり、無言・無為、ついには、昏迷状態に陥る。これを「うつ性昏迷」という。

　うつ病には、身体症状として不眠や便秘および食欲不振等の消化器症状・性的不能その他多彩な自律神経失調症状がみられ、特にこれらの身体症状のために、抑うつなどの精神症状が覆い隠される場合があるが、これを「仮面うつ病」という。

　躁病は高揚した気分・観念奔逸・精神運動興奮等を特徴とし、うつ病とは対照的な病像を呈する。すなわち、多弁・多動で疲労を知らず活動的にみえ、欲動のかたまりとしての観があるが、他方抑制を欠くため性的逸脱・衝動買い等の問題を起こしやすくなる。高揚した自我感情に基づいて誇大的な思考内容があらわれるが、思いつき・空想・誇張の傾向が強く、妄想にまで発展することは少ない。躁病が軽度に留まっている場合を、「軽躁病」というが、本人のみならず周囲の人々もそれに気付かずに経過することがある。

　躁うつ病の原因としては、いまだ定説を得ていないのが実情である。

第5節　心理療法（精神療法）

　心理療法とは、主として対人関係によって生じた情緒障害を癒す方法である。この情緒障害は、内外の環境に対する適応の失敗に起因し、しかも、そのほとんどが、対人関係における葛藤の結果発生したものである。

　今日では、心理学者は心理療法と呼び、精神科医は精神療法と呼ぶ傾向が強い。

　以下において、主要な療法を紹介することにする。

1　精神分析療法

　これは、精神分析の理論をベースにした心理療法であり、フロイトによって提唱された。

　精神分析の目的は、無意識の世界を科学的に解明することである。すなわち、無意識のうちにある葛藤が、精神症的疾患を引き起こすので、その葛藤を意識化し、洞察すれば、疾患は消失するのである。

　そのために考案された方法が、「自由連想法」である。

　これは、患者を寝イスの上に仰臥させ、治療者は患者の視線を避けて、患者の背後にあるイスに腰かける。そして、治療者は患者の心のなかにあるどんなつまらないことでもよいから、そのまま素直に話すよう求める。治療者は患者の話に傾聴し、患者の無意識のうちにある葛藤が意識化されるのを援助するのである。

　援助のポイントは、患者が過去において、充足されなかった感情を治療者に向ける「感情転移」の分析と、患者の無意識のうちにある葛藤に

よって生じる「抵抗」の分析である。

　治療者と患者は、それらについて十全に対話し、患者は自らの過去の育成歴を、この機会を通して、再構成し、発症に至った経緯を洞察する。そして、治療者は患者自身が自己の真の在り方を洞察して、無意識による支配から脱却し、自己認識と自己支配（イドあるところに、エゴあらしめよ）を増大していくのを援助するのである。

　治療の方法は、通常、1セッション約50分、1週間に4～5回行われ、1年以上の期間を必要とする。

2　行動療法

　これは、学習の諸原理を適用し、不適応行動を変容・減弱・除去するとともに、適応行動を触発・強化する治療法である。

　行動療法という名称は、ラザルス（Lazarus, A. A.）が用いた「行動療法」という語を、アイゼンク（Eysenck, H. J.）が自からの著書、『行動療法と神経症』（1960）にその語を使って以来、その名が世界的に流布したといわれている。

　行動療法の基礎になっている考え方は、つぎのように集約できる。

(1) 正常な行動も異常な行動も同じように、学習されるのだから、正常な行動を変える方法があれば、それを異常な行動を変えるためにも使うことができる。

　　たとえば、ごほうびを与えて子どもがよく勉強するようになるならば、同じように、ごほうびを与えれば、無表情な患者が笑顔をみせるようになる、ということである。

(2) 社会環境というものは、正常な行動も異常な行動も生み出す基になっている。したがって、患者の行動を変えるためには、患者の環

境を変える必要がある。
(3) 治療の主要な焦点は行動上の問題であるから、変容すべき行動と異常な行動をつくり出している状況を正確にとらえておくことが重要である。
(4) 行動療法は科学的研究に基づいているので、マニュアルさえあれば、誰が行っても同じように治療ができるはずである。

ところで、行動療法は大別すると、つぎのように四つに分類される。

(1) 古典的条件理論に基づくもの

①系統的脱感作法　　これは、ウォルピ（Wolpe, J.）によって開発された治療法である。

恐怖・不安の対象（たとえば、航空機恐怖症の場合）に近づくための10段階（空港行の切符を買う・空港行の電車に乗る・空港が見えてきた……等）を設定する。そして、恐怖・不安が最も少ない段階をまずイメージする。もし、恐怖・不安が生じたら、リラクセーション法等によって、それを鎮める。つぎに、もう一つ近寄って段階をイメージする、というようにして、恐怖・不安にしだいに慣らしていくのである。

②ベル・パッド法　　これは、夜尿症に対する治療法である。排尿により、電流が流れてベルが鳴る仕組みのフトンを尻の下に敷いて寝ると、排尿直後に目が覚めることが条件づけられる。これを繰り返しているうちに、膀胱筋の伸展感覚によって、排尿の前に目が覚めるようになる。

(2) 道具的（オペラント）条件理論に基づくもの

①トークン・エコノミー（token economy）法　　これは、望ましい行動をとれば、トークン（おもちゃの代用貨幣）を与え、ある程度に達したら、約束通りの金品を与える方法である。

②シェーピング（shaping）法　　これは、目標にすぐに到達できない

場合、目標までの達成可能なスモール・ステップをつくり、それを一歩一歩進むことによって、目標に到達させる方法である。

（3） モデリング（modeling）法に基づくもの

これは、患者に、他人による適応行動の実際を提示し、それを模倣するよう強化する。これによって、新しい行動の獲得・既存の行動の修正・不安の解消・不安によって制止されていた適応行動の促進等が図られる。

（4） バイオフィードバック（bio-feedback）法に基づくもの

これは、血圧・脳波等ふつうなら知覚できない生体の状態を、ブラウン管等に表して本人に自覚させ、その情報を手がかりとして、血圧等を自分自身でコントロールする方法である。

最後に、行動療法が有効な症状を示すと、つぎのようになる。

恐怖症、恐慌反応、不安・強迫・摂食・自閉的・学習障害、うつ病、肥満、高血圧、頭痛、入眠困難、ストレス、非行等である。

3 認知行動療法

これは、エリス（Ellis, A.）やベック（Beck, A. T.）によって創始・提唱された心理療法で、その中心概念は、A－B－C理論という形で集約される。

Aとは、activating event のことで、実際に生じた事実を示す。Bとは、belief system で、個人がそれぞれもっている信念の体系であり、スキーマである。Cとは、consequence で、結果としての情動障害や不適切な感情を指すのである。

さて、論理療法では、神経症や人生の悩み等の諸悪の根源は、個人の思い込み・考え方（B）にある、と考える。そして、個人を不安・憂

うつにするのは、出来事（A）ではなく、個人の〝～しなければならない〟・〝～すべきである〟という不合理な思い込み（B）である、と考える。この不合理な思い込み（irrational belief）は、経験によってつくられた、まちがった教育・訓練の結果生じたものである。

したがって、この不合理な思い込みを捨て、〝できるなら～であるにこしたことはない〟、〝できなくても、自分は全くダメだというわけではない〟という合理的な考え方（rational belief）に修正するよう援助することが、この療法の主眼点となる。

たとえば、Xは、「私はすべての人に好かれていなければならない。もし誰かに嫌われたら、この世は終わりだ」（B）という信念をもっているとする。それに対して、Yが、「Xの皆にいい子ぶるのは嫌いだ」（A）といった場合、一部の否定的見解を全部否定されたと解釈する推論の誤りによって、Xは、「私はすべての人に好かれていなければならないのに、Yに嫌われた。もう絶望だ」（C）という自動思考が生じ、憂うつになるのである。

また、治療のために、A-B-C理論を拡張して、A-B-C-D-E理論と呼ぶことがある。Dとは、disputeで、論駁を意味する。Eとは、effectで、効果のことである。すなわち、不合理な思い込みを論駁によって粉砕し、その効果が生じて、行動が変容することをいう。先の例でいえば、B（スキーマ）を、「私はすべての人々に好かれる必要はないのだ」と修正することであり、これによって、一部の人に否定されても、憂うつな感情に至ることはなくなるのである。

このように、論理療法では、思考をかえれば、感情と行動も変化し、また、感情と行動が変化すれば、思考も変わる、と考えるのである。したがって、認知（思考）・感情・行動の三つの側面に統合的に作用し、

治療を行うのである。

とくに、エリスのいう不合理な思い込み・考え方とは、事実に基づかない思い込み・論理的必要性のない思い込み・人を不幸にする思い込み等をいう。

4　カウンセリング (counseling)

カウンセリングとは、カウンセラー (counselor) がクライエント (client) の悩みを、言語的・非言語的コミュニケーションを通して、クライエントの行動や考え方を変容することによって解消し、以て、クライエントの人格的統合の水準を高めることを目的とした方法をいう。歴史的にみると、1908年、アメリカにボストン職業指導所ができ、青年の職業選択を援助することになったのが発端である。

このように、カウンセリングの目的は、悩みを解消することよりも、クライエントが自らの人格的成長・人格的統合を行うことを援助することにある。悩みの解消は、目的ではなく、いわば副産物であり、また、クライエントを環境に単に適応・順応させることも、カウンセリング本来の目標ではないのである。

この人格的成長・人格的統合は、自分のうちに存在する、才能・能力・可能性等を十分に展開することによって実現されるのである。ロジャースは、この自己の成長・実現について、つぎのように書いている。すなわち、暗い部屋に置かれたジャガイモから芽がでると、それはわずかな光に向かって伸びていく。これと同様に、あらゆる生物には、自分がもっている可能性を建設的な方向へ伸ばそうとする基本的傾向がある。これを自己実現傾向と呼ぶ。人間でも、複雑で完全な発達に向かう傾向がある。これは対人関係の中で開花していく。自分を理解し、自分を変

えていって、自主的行動を発展させていくような力が自分の中にあり、この力は条件さえ整えば際限もなく発展していくのである。

このように、自分のうちにある成長への衝動・傾向に気づかせるように、援助するのがカウンセリングの目的なのである。

カウンセラーの役割として重要なことは、クライエントに対する、共感的理解・自己一致（ありのままでいること）・受容（クライエントのすべてを受け入れること）・無条件の尊重・配慮・自己受容（カウンセラーが自分のすべてを受け入れること）・自己開示（カウンセラーが自分のすべてを明らかに示すこと）等によって、クライエントの体験過程に主体的に関わっていくという態度である。カウンセラーのこのような態度によって、クライエントは、自らの成長・自己実現が図られ、促進されるのである。

ところで、カウンセリングを、ただ無批判的に、クライエントのいうことを傾聴するだけである、と思う人がいるが、それは全くの誤解である。カウンセリングには、対決・説得・助言等の能動的・積極的な技法も含まれているのである。

また、カウンセリングと心理療法の違いであるが、心理療法が精神障害の人を取り扱うのに対し、カウンセリングは主として健常な人を対象とするので、心理療法とは重複しない領域を含むことになる。すなわち、取り扱う問題は、病気の治療ではなく、親子関係・夫婦関係・職業選択・学業問題・対人関係・異性問題等の悩みであり、これらの悩みの解決を通して、クライエントである健常人が自己実現できるよう援助するのが、カウンセリングなのである。

カウンセリングの種類としては、専門カウンセラー（スタッフ）によるプロフェッショナル・カウンセリング、パラ・カウンセリング（ナー

ス・寮監による)、キャリア・カウンセリング(教員・職業指導員による)、ライン・カウンセリング(先輩・上司による)、パストラル・カウンセリング(牧師による)、ピア・カウンセリング(友人による)等がある。また、取り扱う問題によっては、教育・開発的カウンセリング(人生上の諸問題を扱う)、治療的カウンセリング(心理療法と同様)等がある。

(1) 臨床的カウンセリング(指示的カウンセリング)

これは、カウンセラーがクライエントについての情報を収集し、面接によって得た内容に基づいて、クライエントの悩んでいる問題に対して、適切な指導・助言を与え、適応できるようにする方法である。

ウィリアムソン(Williamson, E. G.)は、この方法を、つぎのように六つの段階に分類する。

①**分析** 個人(クライエント)を理解するために役立つ資料・情報をたくさん集め、分析する。

②**統合** 分析した結果を整理し、個人の特徴をよく表すことができるようにする。

③**診断** 個人の問題について、分析や総合の結果に基づいて診断する。

④**予診** その人が再適応できるか、今後どのように発展していくかについての見通しを立てる。

⑤**カウンセリング(処置)** 適応できるよう、専門的な指導・助言を行う。

⑥**追跡** 事後の問題について、本人を助けるための仕事とカウンセリングの効果を判定する。

また、ウィリアムソンは、面接の技術としてつぎの五つの点を指摘する。

①**精神的融合（ラポート）**　カウンセラーとクライエントの間に心の触れ合いをつくる。

②**自己理解**　クライエントに診断の結果を知らせ、自分の長所・短所を理解させる。

③**行動計画**　どのように行動すべきかをクライエントとともに考え、また、助言・忠告を与える。

④**計画の実行**　計画の実行に対して、カウンセラーはクライエントにあらゆる援助を与える。

⑤**委託**　カウンセラーは、自分がクライエントに不適切だと思ったら、別の適当なカウンセラーを立て、自分の仕事を委託する。

これは、ラポート（rapport）が成立しなくなるので、とられる処置といえる。

（2）　人間中心療法（来談者中心療法・非指示的療法）

これは、ロジャーズの主張するカウンセリングであり、非指示的カウンセリング・来談者中心カウンセリングと名称を変えながら発展してきた。

この立場では、人間はすべて成長したい・健康になりたい・適応したいという衝動をもち、受動的に環境からの影響を受け入れるのではなく、自らの成長・発展を目指す、いわゆる自己実現の達成を目標とする。したがって、ここでは、つぎの四つの基本的仮説として指摘される。

(1)　個人は、成長・健康・適応への衝動をもっている。

(2)　適応の知的な面よりも、情緒的な面を強調する。

(3)　個人の幼少時の外傷的経験（トラウマ）あるいは過去の生育史よりも、主として現在の直接の場面を強調する。

(4)　治療的関係それ自体が、成長の経験である。他の方法では、クラ

イエントはカウンセラーとの面接を終了した後に成長し・変化し、よりよい決心をすると考えるが、ここでは、治療において、接触すること自体が、治療的価値をもつと考える。

つぎに、カウンセリングのプロセスをみることにしよう。
(1) 指示的カウンセリングの行う診断・治療の過程を排除し、教示したり・指示したりしないで、クライエントを中心に話し合いを進め、感情を自由に表現させる。
(2) クライエントの発言をすべて受容したり・承認したり・繰り返したりして、クライエントの緊張を緩和させる。
(3) クライエントは、抑制されている感情から解放され、自分を素直に受容し、理解し、新しい自分自身を発見するようになる。
(4)) その結果、人格の再体制化が生じ、行動が変容し、上手に適応できるようになる。

ところで、この立場は、知能の低い人・依存的な人・感情表現に乏しい人には、適用がむずかしいといわれている。

5 自律訓練法 (autogenic training)

これは、自己催眠によって、四肢が重い、四肢が温かい等の6種類の暗示を自分に与え、自律神経系をコントロールできるようにすることによって、自然治癒力を強める方法である。自律神経機能が正常になると、血液の流れがよくなり・皮膚温が上昇し・呼吸が落ちつき・内臓の働きもよくなるのである。

自律訓練法を創始したのは、シュルツ (Schultz, J. H.) である。かれは催眠中の被催眠者の共通体験として、両腕、両脚が重く感じること（重感）と、温かく感じること（温感）を確認した。そして、自己催眠に

よる心理的・生理的治療効果を検討し、それが自己暗示によっても、同様の効果が得られることを検証したのである。やがて、臨床的な適用を行うことによって、神経症・心身症に対する心理療法として発展していくことになった。ただし、この方法は、精神病・心臓病には、適用しがたいといわれている。

つぎに、練習方法についてみることにする。

練習方法としては、標準練習・瞑想練習・特殊練習があるが、一般的には、標準練習が中心なので、これについてみることにする。

（1）準備段階

①**環境**　　くつろげる時間・静かで落ちついた場所・身体内外の刺激の除去が必要である。

②**姿勢**　　ベッド・布団・床に上向きに寝た姿勢が、一般的であるが、仰臥姿勢・安楽椅子姿勢・単純椅子姿勢でもできる。枕の高さ、両腕・両足の位置に注意し、ゆったりとくつろいだ姿勢が望ましい。

③**眼の状態**　　静かに、眼を閉じる。

④**呼吸の状態**　　鼻からゆっくり、おなかがふくらむように吸い込み、口からゆっくり全部吐く腹式呼吸を行う（このとき、体全体の力が抜ける）。

（2）安静練習

背景公式である、〝気持がとても（ゆっくり）落ちついている〟、〝体全体がリラックスしている〟を、ゆっくり繰り返し唱える。

（3）公式練習

公式は、全部で6種類あり、それはつぎの通りである。

①第1公式＝重感練習　　〝両腕、両脚が重たい〟が公式言語。

②第2公式＝温感練習　　〝両腕、両脚が温かい〟が公式言語。

③第3公式＝心臓調整　〝心臓が穏やかに規則正しく打っている〟が公式言語。
④第4公式＝呼吸調整　〝楽に呼吸している〟が公式言語。
⑤第5公式＝内臓調整　〝お腹が温かい〟が公式言語。
⑥第6公式＝額部涼感公式　〝額が涼しい〟が公式言語。

　これらの暗示（公式言語）を第1公式から第6公式まで順番に行うが、第1公式について、さらに詳しくみることにする（第2公式以下も、これに準じる）。

〈第1公式＝重感練習〉
　まず、両腕にぼんやりと注意を向ける。そして、右腕が重たい→左腕が重たい→両腕が重たいの順に、ゆっくり繰り返し唱える。このとき、必要なのが、受動的注意集中である。すなわち、腕を重くしようとするのではなく、重たいなという気持ちになることが重要なのである。そして、「気持ちがとても落ちついている」という背景公式を所々に入れることが大切である。

　重感練習が終了したら、消去動作に入る。すなわち、自己催眠状態から覚醒するために、両手のひらの開閉・両腕の屈伸・背伸び・深呼吸等を行う。これは、日常生活に必要な緊張を取り戻すために、入眠前以外は必ず行うことが必要である。そして、消去動作終了後、静かに目を開けて、すべて終了となる。

（4）　練習回数と時間
　練習回数としては、1日、3〜4回で毎日続けることが肝要である。
　また、時間は、一つの公式に平均1分間かけるので、標準練習全体で6分で済むことになる。
　このように、自律訓練法は自分自身を徹底した弛緩状態に導くことに

よって、心身を最もバランスのとれた状態にし、それによって、人間のうちに宿る生命力・自然治癒力を最大限発揮できるようにすることを目的とする方法である。

普通以上の知能とセルフ・コントロールの能力があれば、10歳位から老人に至るまで適用が可能である。この点が、他者暗示の形態をとる催眠法とは異なるのである。

なお、標準練習の他に、瞑想練習と特殊練習があるが、前者は、イメージを用いて自己分析を行う。たとえば、公式言語「〜の顔が見える」によって、人物心像視練習を行うのである。また、後者は、直接的な自己暗示練習を身体の特定の部分に向けることによって、その部分の疾患の緩和を目指すのである。

6　森田療法

森田療法とは、森田正馬（1876〜1938）によって創始された、わが国独自の心理療法である。そして、また、多くの心理療法が国外から移入されたのに対し、それは、わが国が世界に向かって発信できる唯一の療法でもある。

森田療法は、いうまでもなく、心身の異常を矯正することを目的とするが、それが有効に作用するためには、患者の性格が重視される。そして、それが、とくに有効に適用される性格を、「神経質」という。

神経質（性格）とは、「ヒポコンドリー性基調」を中核にして、「生の欲望」・完全主義・小心・強い意識性等を有する性格である。ヒポコンドリー（hypochondria）とは、語源的には、hypo（下）＋ chondor（胸骨端の心窩部）とから成り、われわれが心配したり・不安になったりすると、この部分に不快な感じを体験することからして、それは、本来も

のごとを気にするという意味をもつことばである。したがって、ヒポコンドリー性基調とは、自己の心身の状態に異常はないかと、つねに注意・関心をそのことにのみ集中する傾向をいい、病態的には、「心気神経症（心気症）」といわれている。

　また、生の欲望とは、死の恐怖に対する相対的な概念であり、したがって、生の欲望がなければ死の恐怖もない。生の欲望を具体的にいえば、つぎのようになる。

① 病気になりたくない・死にたくない・生きたい。
② よりよく生きたい・人に軽蔑されたくない・人に認められたい。
③ 知りたい・勉強したい。
④ 偉くなりたい・幸福になりたい。
⑤ 向上・発展したい。

　これらは、換言すれば、自己保存欲・発展欲・向上欲等を意味し、いわば自己を実現し、真の自己に基づいた在り方を志向する欲望といえるのである。

　つぎに、神経症状の発症に至るメカニズムを示すと、つぎのようになる。

　まず最初に、専門用語の解説をしておこう。「精神交互作用」とは、ある感覚に対して、注意を集中すれば、その感覚は鋭敏になり、この感覚鋭敏は、ますます注意をその部分に固着させることになる。その結果、この感覚鋭敏と注意が交互に作用し合うことによって、その感覚をますます強大化することをいう。

　また、「思想の矛盾」とは、〝～ありたい・～あらねばならぬ〟と考えることと、事実、すなわち、その予想する結果が反対になり、一致しないことをいう。換言すれば、自己の主観と実際のできごと（客観）が一

112　第8章　性格

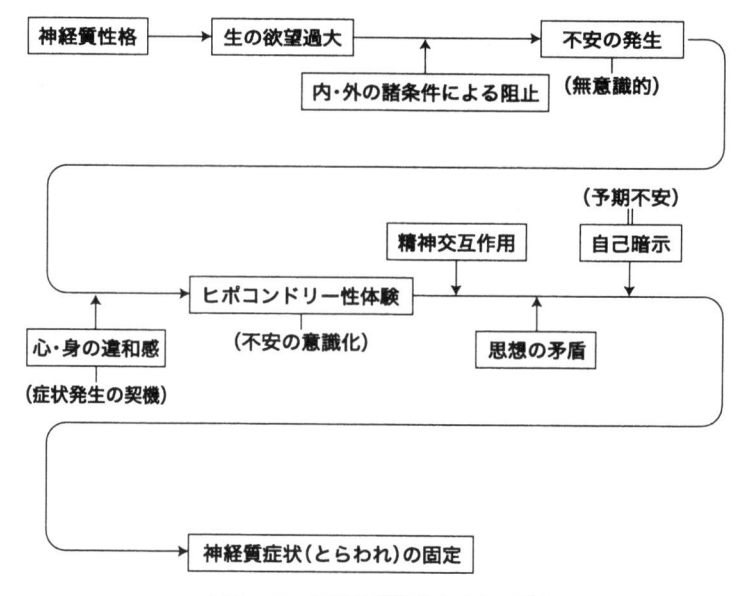

図8-5　神経症状発症のメカニズム

致しないことである。

　さて、神経質といわれる性格の持ち主は、生の欲望が人一倍強大で、しかもそれが完全主義の立場から、完璧に充足されることを希求する。しかしながら、高尚にして崇高な願望は、いとも容易に達成されるものではない。そのため、かれの心中に葛藤が生じ、しだいに不安や焦燥の感情が育成される。それと同時に、そのような雄大な理想主義的な願望や目標を完全に達成することは、不可能なのではないかという現実に対する適応不安をもつに至る。そして、これらの条件が症状形式の背景を構成するのである。

　そこで、何かの機会に心身の状態に違和感を覚えると、それがトリガーとなって、潜在化していた不安感情が一気に表面化し・意識化され

る。その結果、今まで外界に向けられていた心的エネルギーが、今度は逆流することによって、自己の心身の違和感に向けられ、それに固着することになる。これが、神経質症状にとらわれた状態である。

つぎに、この心身の違和感へのとらわれを、何とか一掃しようとするのであるが、神経質な人は、それを完全に排斥することを希求することから、ますます関心がこの違和感へのとらわれに集中することになる。換言すれば、神経質性格者の完全主義が、精神交互作用に一層の拍車をかけ、とらわれの悪化を促進するのである。

また、神経質性格者は、一般に観念（思想）で以て、現実を自分の期待通りに動かそうとする傾向があることから、このとらわれを観念で以て、自由に操作・処理しようとするが、それが思想の矛盾によって失敗し、ますます神経質症状に束縛されることになる。

このようにして、しだいにとらわれに固定化されるのが、発症に至るメカニズムである。

さらに、治療法についてみることにしよう。

森田療法は、心身一元論の立場から、まず身体を中心にして、単に頭による理解ではなく、体認・体得を重視するところにその特色がある。したがって、治療のポイントは、ヒポコンドリー性基調感情に対しては、陶冶・鍛錬療法を施し、その症状発展機制である精神交互作用に対しては、思想の矛盾を打破し、常に患者の実証・体得によって、自然に服従することを会得させようとすることである。

森田療法は、第1期：臥褥療法・第2期：軽い作業療法（日記指導の導入）・第3期：重い作業療法・第4期：複雑な実際生活等から構成される。

まず、臥褥療法であるが、これは、絶対臥褥といって、患者を一定の期間（2週間前後）、一定の場所に、外部との交流を一切遮断して、隔

離することである。

　これによって、患者は、とらわれから生じる不安・恐怖・苦悩・煩悶等と、自分自身で対決せざるを得なくなる。その結果、孤独のなかで、過酷な試練・辛酸を受ける羽目に陥るのである。しかしながら、このような感情の極限状態を体験することによって、とらわれと同居する以外に、生きるべき方法がないことを全身全霊で体得するのである。換言すれば、完全主義のために、このとらわれを心のなかに存在する異物としてとらえ、それを観念（思想）によって除去しようと苦闘してきたが、その行為が絶対臥褥を通じて、解決不可能な無理難題であることを、体験的に理解することができるようになるのである。このように、絶対臥褥は、とらわれを観念（思想）でもって排斥すること（思想の矛盾）が到底不可能にして、無意味な行為であることを教示してくれるのである。

　つぎの段階では、このとらわれの状態を一応括弧に入れて、それがあってもよいから、当面の作業（仕事）に入って行く態度の養成が図られる。これが作業療法である。すなわち、とらわれに起因する不安・苦悩があっても、とにかく眼前にあるやるべき仕事に着手することが重要である。その際、仕事の出来・不出来を考えずに、とりあえず仕事に手を出すことが肝要なことなのである。そして、仕事に着手し、何とか続けていくと、とらわれはあっても、仕事は実際にできるということが自覚体験される。その結果、とらわれがあっても、それと同居し、それを意に介さない態度が、徐々にではあるが、形成されるのである。

　ここで、留意すべきことは、森田療法はとらわれそのものを解消するのではなく、このとらわれに執着しない態度を確立することが、その目的であるということである。換言すれば、とらわれはとらわれとして、心のなかに依然存在するが、それが特別な異物・不快なものとして意識

されなくなるのである。したがって、実際上、とらわれは解消しているといえるのである。

このように、森田療法は絶対臥褥と作業を通して、とらわれに執着しない態度を形成していくことが、その目的である。そして、これを、ポジティブにとらえるならば、自然に服従する態度を養成することであるといえる。換言すれば、とらわれに起因する不安・苦悩・煩悶等の、そのあるがままになりきること、あるいは一体化することである。森田はそれを、「純主観の状態」とか、「自然服従・境遇従順」という。それは、思想の矛盾を打破し、無益な人工的なやりくり・企てを一切放棄して、自然・境遇に素直にしたがうことである。したがって、それはまた、一切はからいの尽きた絶対肯定の態度でもある、「あるがまま」の状態をいうのである。

このあるがままとは、拮抗のない心の状態であり、自由に流動する心をいう。換言すれば、それは、不安のときは不安であることであり、不安を忍耐することではない。不安であってはならないと拮抗しなくなること、すなわち、絶対肯定の態度である。あるいはまた、その場の状態に入り切ること・一切が受容されていること・有限的分別智がなくなることでもある。有限的分別智がなくなれば、分別と無分別が絶対矛盾の自己同一の状態になり、神経質症状は成立しない。したがって、とらわれというものは、自己内省的になり、安楽になりたいとか・苦痛から刻も早く逃れたいという分別心（思考）が生じ、これによって、とらわれを除去しようと、あれこれと人工的に作為するときに発生するのである。

このようにみてくると、森田療法というものは、単なる神経症の治療のみならず、広く人生の生き方・在り方に対しても、有益・有効な知見

を与えてくれるユニークな治療であるといえるのである。

第6節　性格と倫理

　心理学では、性格と人格とを大体同一の意味をもつ語として使用するが、アメリカでは、人格という語が普及し、そのため、性格という語はほとんど使用されず、死語になりつつある。またドイツでも、人格という語が性格という語に代わり一般化している。このことは、一体何を意味するのであろうか。

　先に、われわれはオルポートによって、性格は評価された人格であることを確認した。このことは、性格という概念には、つねに価値的・意味的内容が包括されていることを意味する。人間は元来、世界から自己の存在にとって有意義なものを取捨・選択し、それを摂取することによって、自己の成熟を成就させ、以て、世界を改造して行く存在である。したがって、人間は「もの」のように、世界に対して受動的・他律的に適応するのではなく、つねに能動的・自律的に対応することによって、自己の実現を意図しながら生きる存在といえる。このように、人間は「もの」とは異なり、つねに意味・目的・価値の世界に生きる存在なのである。これについて、アドラー（adler, A.）はつぎのようにいう。「われわれ人間は、もろもろの意味の領域に生きている。われわれが経験するのは、決して純粋な事実などというものではなく、つねに人間にとって有意味な事実というものである。われわれの経験にしてからがすでにその根源において、われわれの人間的な目的に規定されている。〝木〟は、〝人間との関係にある木〟を意味しているし、〝石〟は、それが人間の生活の一因子であり得る限りにおいての〝石〟を意味している。もし、

ある人がもろもろの意味から逃れ、事実にのみ専念しようとするならば、その人は大変不幸になるであろう。かれは自分を他者から孤立させてしまうであろうし、かれの行動は自分にとっても誰にとっても無益なものになってしまうであろうし、一言でいえば、無意味なものになってしまうであろう。しかし、いかなる人間も意味なしには生きられない。われわれが現実を経験するのは、つねにわれわれが現実に付与する意味を通してであり、われわれは現実そのものではなく、すでに何か解釈されたものとして、それを経験するのである」と。

このようにみてくると、人間は元来、意味や価値の世界に生きざるを得ない存在であることが了解されるのである。

したがって、心理学が性格という概念を放棄し、人格という概念のみを採用するということは、人間が意味や価値の世界に生きる存在であることを根元的に否定することになる。それはまた、裏からみるならば、人間を「もの」と同一視することを意味する。それゆえ、心理学が今後、人格概念のみを研究対象として取り上げ、論究して行くことは、人間の「もの」化を一層促進させることになり、ひいては人間疎外に直結することは必至といえる。

このような危険を回避するために、心理学は人間本来の姿、すなわち、人間の本質の探究にベストを尽し、それが意図するものを解明して行かなりればならない。それについて、フロムは、「われわれは人間の幸福を理解し、それを目標とする心理学と、技術社会に奉仕するために、人間を一個のものとして研究する心理学とを区別することはきわめて重要である」という。前者は、人間をあくまでも人間として取り扱い、人間の本質を前提にして、人間の幸福を探求するきわめてヒューマニスティックな心理学である。それに対して、後者は、人間をいかなる存在

にもなり得るものとして扱い、産業技術社会に相応しい人間の育成を目標とする、いわば人間疎外を助長する心理学といえる。そして、このような心理学の相異は、究極的には、人間を意味的・価値的存在とみるか、否かという人間観の相違にあるといえる。今後、社会がますます高度技術化して行くにつれて、人間としての真の在り方を自覚させ、それを実践することを目標とする心理学は、ますますその重要性を高めていくものと考えられる。

人間が意味や価値の世界に生きる存在であることをみたが、どのような意味や価値を志向・選択するかを決定するのが、性格である。したがって、性格には、必然的に倫理的・道徳的意味が包含されており、それが対人関係に重大な影響を与えることになる。その意味で、性格と倫理・道徳とはきわめて密接な関係にあることが了解される。

そこで、先ず最初に、性格の基本構造を構成する気質をも含め、性格と倫理との関係を具体的にみることにしよう。これについて、フロムは、「ゲーリングとヒムラーは違った気質をもっていた。前者は循環性で、後者は分裂性であった。したがって、主観的好みの点からみれば、循環性気質にひかれる人はゲーリングを好んだであろうし、またその反対の場合もあったであろう。しかしながら、性格という観点からすれば、2人の男は共通の属性をもっていた。すなわち、どちらも野心的なサディストであったのである。それゆえ、倫理学的観点からみれば、かれらは等しく悪なのである」という。このように、フロムは気質を、主観的好みという観点に立って、価値評価の対象から除外し、性格のみを倫理的評価の対象とするのである。

気質は情緒的反応の様式であることからして、世界に対する対応の仕方、フロムのことばにしたがえば、「同化」および「社会化」の過程に

おける一定の構えを選択する性格のいろいろな行為に対して、特定の情緒的反応を示すにすぎない。このように、世界との関係の仕方を選択・規定するという価値的機能を行うのは、あくまでも性格であり、したがって、性格は倫理的価値判断の対象となり得るのである。それに対して、気質は性格が選択した方向づけに対し、感情的に対応し得るにすぎないことからして、価値判断の対象からは除外されるのである。

　とはいえ、気質が倫理・道徳とは全く無関係であるとはいえない。これについて、クレッチマーは、「たとえば、〝誠実〟という性質は、生まれつきの気質因子としては余り速くない精神的テンポと比較的調和のとれた気質の状態とを前提としている。この両者が一緒になって〝恒常性〟という性格特性が生じる。しかしこれでは、〝誠実〟ということばを表している因子のすべてを含んではいない。誠実とは極く特定の社会状況だけに限られた恒常性であり、一定の人間あるいは人間群（理念や理想に転移されることもある）に対する共感関係における恒常性である。したがって、この場合には、さらに気質因子として感情の深さや外的可能性が加わるが、……」という。ここで留意すべきことは、気質が望ましい性格特性を形成する上で、きわめて重要な役割を果している点である。すなわち、気質は性格が行う方向づけに対して、情緒的に反応するという消極的機能のみならず、望ましい性格特性を形成するという、きわめて倫理的な行為にも積極的に関与しているのである。たとえば、〝親切〟という性格特性は、適度の感受性、調和のとれた気分の状態性、活動における適度の速さと強さ等の気質因子を基盤にして成立する。就中、気質因子のなかで、気分の安定性は倫理的行為にとって不可欠の要因といえる。なぜならば、気分の不安定な人は何事につけ、一貫性の維持をすることがむずかしく、その意味で、信頼に値するとはいい難いからで

ある。

　しかしながら、気質という先天的要因を極端に重視することは、道徳的行為をすべて生得的に決定されるとする決定論に陥る危険性が生じる。とはいえ、従来あまり顧慮されることのなかった気質のもつ倫理的意義を留意・斟酌することは、きわめて重要なことといえる。クレッチマーはこれについて、さらに「……それに反して、環境や教育の作用はかなり複雑な精神の上部構造、なかでも人間の道徳的構造に非常に強くはたらく。この場合にもまた、気質の異常な変種があり、特に分裂気質者の無感覚な群では、環境の道徳的な影響がはたらきかける手がかりがなく、われわれはこういう人達をそういうわけで、道徳的精神薄弱といい慣わしている。この際しばしば観察し得ることは、社会的感情に対する基礎は本来そのような人間にも性質としてあったのではあるが、その基礎は青春期頃にはじめて、性欲と体格との発達の著明な変則と関連して、生物学的に内部から破壊されたのであり、したがって、内分泌的体質定形のてん覆によって、人間の愛他的本能も徹底的に犠牲にされてしまったのであることをみることができるのである。道徳感情の基礎の全く同様な障害は、小児の嗜眠性脳炎によっても起る。このような自然の実験の観察によって、多くの常習犯の道徳的評価や教育の極端な理想主義のみが、人間を決定するものではないことがわれわれにわかる」という。

　このようにみてくると、気質という先天的要因が道徳的行為に及ぼす影響はきわめて甚大であることが了解される。その意味で、道徳的行為を考察する場合、とくに気質の変種についての十分な考究が要請されるのである。

　つぎに、気質のもつ倫理的意義を踏まえ、性格と倫理との関係についてみることにしよう。

すでに述べたように、性格は世界から自己の生存および成熟にとって不可欠なものを取捨・選択し、それを摂取する（同化）という、いわゆる世界や未来に対する一定の方向づけ（意味づけ・価値づけ）を行い、またそれを円滑に遂行するために、自己自身を社会化する機能を有する。したがって、性格はわれわれの価値的行為を根源的に規定する要因といえる。換言すれば、先天的な気質の変種や脆弱さを意志の力によって律していく性格こそが、倫理的行為の源泉であるといえるのである。それゆえ、フロムは、「倫理学の研究対象は、性格である。そして性格構造全体との関連において、はじめて個々の性格特性、または行為についての価値判断が可能になるのである。一つ一つの徳や悪徳がではなく、徳または悪徳を備えた性格こそが、倫理学の研究対象なのである」という。

本来、倫理とは、人間関係とその間に成立する一定の行為の仕方ないし振る舞い方であると定義される。そこで、この行為の仕方ないし振る舞い方を根源的に規定する、善・悪・良心、徳・悪徳、幸福、義務意識、意志の自由、愛、責任、正義、罪悪感等が、従来倫理学の主要な研究対象として論究されてきたのある。

しかしながら、実際のところ、現実の倫理的問題となるのは、一人の全体としての人間の行為や振る舞い方の正・否であって、決して上述したような個々の研究対象ではないことは、われわれが日常経験するところである。換言すれば、いくら上述した研究対象を論究したところで、実際上問題化するのは、それらの研究対象を担って行動する一人のトータルな人間（の性格）なのであり、したがって、それに対する評価なしに、かれのもつ倫理的問題を解決することはできないのである。

このようにみてくると、実践を前提とする倫理・道徳においては、先ずその実践を可能にし、それを規定するわれわれ人間の性格が論究され

なければならないことが了解される。その意味で、性格とは、まさに個々人のユニークな行動を規定し、かつそれを方向づける究極的要因であるといえる。したがって、上述した諸種の研究対象を、生きた具体的な人間から切り離し、個別的に論じてみても、結局は倫理・道徳を抽象化することになり、あまり意味のあることとはいえない。それよりも、現実に生きる人間の性格を直接研究対象とすることは、倫理・道徳の本来の意味を実現することからして、正鵠を射ていると考えられる。その意味で、従来の倫理学の立場は、木をみて森をみない類の誤謬を犯している側面があるといえる。確かに、従来の倫理学的立場には、現実に生きる具体的な人間は見当らないのである。そこにあるのは、過去の遺物と化した抽象的な倫理的アイテムにすぎない。倫理・道徳は、われわれにとってつねに今日的・具体的・実践的でなければならないことからして、この点は今後大いに再考の余地があると考えられる。

第9章 精神的に健康な性格

第1節　生産的人間——E・フロムの場合

　フロム（1900～1980）は、特定の性格構造をもつ人から派生する性格特性を、「性格の構え」（orientation of character）と呼び、それを、「非生産的構え」（——受容的構え、搾取的構え、貯蓄的構え、市場的構え——）と「生産的構え」とに分類する。したがって、ここでは、成熟した健康な性格である生産的構えについて考察することにしたい。

1　生産の意味
　フロムによれば、「生産的」ないし「生産性」という概念には、つぎのような内容が包含される。
　(1)　それは、自分の「力」（potence）を使用し、自分に備わった可能性を実現するという人間の能力である。ここでいう力とは、現象の表面を突き破り、その本質を理解する理性の力や、また人間と人間との間の壁を打ちやぶる愛の力や、さらに計画を立案し、創造することを可能にする想像の力等を意味する。したがって、それらの力が欠除した場合は、「無力」（impotence）といわれる。そして、人間が自分の力を十分活用するための前提として、先ず自由でなければならないこと、またかれら

を統制するいかなる力にも依存してはならないこと、さらにかれは理性によって導かなければならないこと、等が指摘される。

それゆえ、それはまた、必然的に創造性を発揮することを意味する。なぜならば、人間に賦与された可能性を実現することは、世界に対して新しい息吹きを注入することであり、その結果、世界を一層豊かに改造して行くことができるからである。そして、その最たる者は、真の芸術家であるといえる。かれは、対象を一層実り多きものへと仕上げ、われわれに美の本質を提供してくれるのである。

(2) それは、人間が自らの力の具現として、また行為者として体験することである。換言すれば、それは、自己と自己の力とが一体であると感受する体験であり、同時にその力が隠ぺいされず、かれ自身から遊離していないと体験することである。

人間の力が統制されることなく、自己自身の主体的な立場から発せられることはきわめて重要なことである。なぜならば、自己の力が他からの圧力や強制によって行使させられるとするならば、それは他の目的のために使用される手段や道具に転化し、その結果、自己の本来性が著しく歪曲化される危険性があるからである。

それゆえ、人間の力というものは、自己自身と一体となり得たとき、はじめてその本来の姿を実現することができるのである。

(3) それは、能動性のもつ特質を意味する。すなわち、自己に具備された天賦の可能性を実現することは、(1)で述べたように、一般に何ものかを創造することに直結するが、ここでいう能動性の特質とは、必ずしも何ものかを創造することに限定されず、他の人々やものに対して、新しい生命の息吹きを与えるような態度をいうのである。たとえば、自分自身を深く意識している人物、また一本の木をただ見るだけではなく、

本当に「観る」人物、さらに詩を読んで詩人がことばに表現した感情の動きを、自己の内部に経験する人間のなかで進行している過程、等である。これらは必ずしも新たに創造するわけではないが、その人間の内面をきわめて豊かなものに改造する機能を有するのである。したがって、それはまた、つぎのように表現することもできる。すなわち、自分を新たにすること、成長すること、溢れ出ること、愛すること、孤立した自我の牢獄を超越すること、関心をもつこと、与えること、等である。とはいえ、実際のところ、これらのことがらを、ことばで伝達することは不可能である。なぜならば、それらのことがらは、体験がなければ、本当の意味を把握することができないからである。

2　生産的構えの特徴
（1）　体験様式
われわれは、一般に外界と対応する場合、二通りの体験様式をとる。
(1)　再生的体験
これは、フィルムが撮影されたものを忠実に記録するのと全く同じ仕方で、対象を知覚することである。
(2)　再生産的体験
これは、対象をあるがままに知覚するとともに、さらにそれに生命を吹き込み、新たに創造することである。
そして、(1)の典型としては、「リアリスト」が指摘される。リアリストは、外部の世界を冷静な眼差しでとらえ、それを心のなかで写真のように再生し、そこに写し出された事物や人々を見た通りに操作しようとする人間である。したがって、かれは現象の背後にあって、はっきりとあらわれることのない本質的なものを把握することができない。かれに

とって、現実とは、あくまでも、すでに物質化され、具象化されたものの総計にすぎないのである。それゆえ、かれのものの見方や考え方には、視野の狭さや思慮の浅薄さが顕著にみられ、その結果、世界を非常に歪曲化させるとともに、自己自身をも貧弱化させるという危険性が生じることになる。まさに、かれの世界との対応の仕方は、木をみて森を見ない類のものといえるのである。

また、(1)および(2)の体験様式が不可能なのが、「狂人」である。かれは自分本位の主観的な世界をつくりあげ、それを現実とみて安住し、絶対的確信を抱くのである。したがって、かれは現実を客観的に（あるがままに）みることができず、かれにとって、現実はせいぜいかれの内部の世界の象徴ないし反映として知覚されるにすぎない。換言すれば、真の現実は完全に払拭され、かれの内部の現実がそれにとって代わっているのである。

その意味で、狂人とリアリストは同一のカテゴリーに所属する人間といえる。なぜならば、かれらはともに、現実を真に把握し、体験することができないからである。そして、かれらに真に対立するのが、生産的構えを有する人間である。かれは先ず、自己と世界とをあるがままにみる（再生的体験）とともに、自己の可能性を実現することによって、世界に対して新しい生命を吹き込み、世界を一層豊かに創造していこうとする（再生産的体験）からである。

このようにみてくると、これら二つの体験様式を具備することが、生産的構えにとって不可欠の条件であることが了解される。実際のところ、生産性の力学的源泉は、これら双方の体験能力の相互作用の結果、発生するといえるのである。

（2） 生産的思考

　生産的思考を論述するに先立ち、思考に不可欠な知性と理性の概念規定の解明から入ることにしたい。

　一般にわれわれは、理性と知性とを一緒にして理知と称し、感情に対立する語として使用しているが、本来、理性と知性とは全く別次元の意味を有することばなのである。

　知性（intelligence）とは、本来、理解することを意味することばである。換言すれば、ある目的や目標に到達するために必要とされる知識や情報を数多く収集し、それらを十分理解することが、知性本来の意味である。したがって、知性の目的は、われわれが抱く目標を実現するために要請される知見を沢山収集・獲得し、それらを十分理解することによって、われわれの目標を達成することにあるといえる。この場合、目標それ自体は合理的であっても、なくてもかまわない。すなわち、知性には、この目標を設定する機能はなく、ただあるのは設定された目標の実現を忠実に遂行するという機能である。このように、知性には、目標を設定するという価値的機能はないことからして、価値には、全く中立なのである。

　それに対して、理性（reason）は、その語源（ratio=to reckon, think）からして、計る、評価するという意味を有する。ものごとを正しく評価するためには、先ずものごとの本質を十分把握することが必要である。そしてそのためには、ものごとに関する表面的な知識だけでは不十分であり、深さを知るという第三の次元が要請されなければならない。したがって、理性は、この第三の次元を獲得することによって、ものごとの本質を正しく理解することによって、そのものの存在を十分評価することができるのである。それゆえ、理性の機能は、①ものごとの本質を十

分把握することによって、②そのものごとのあらゆる可能性を探索し、③最後にそれと自分とを関係づけることによって、それを評価することにあるといえる。ところで、この関係づけによる評価は、実際的・実用的・功利的な観点からなされるのではなく、自己自身の人間としての成長・成熟・発展という立場から行われるのである。換言すれば、理性は人間の成長・成熟・完成という価値基準に立脚して、ものごとの評価を行うのである。したがってまた、理性はそのような基準に基づいて、目標を設定したり、既存の目標を批判したりする機能を有する。ここで卑近な例によって、知性と理性との機能の相異を明確にしておこう。わが国には、国公立大学の選抜にセンター試験というのがある。この場合、知性はこの試験に高得点をとるための手段として活用されるが、理性はこの試験自体が人間にとって、どんな意味があるのか、またそれよりも、もっとよい選抜方法があるのか否かを探究するのである。

さて、以上のようなことがらを前提にして、生産的思考の特徴について考察することにしたい。

(1) 思考する人が対象に対して、非常な関心をもつ点である。すなわち、かれは対象に対して、きわめて強烈な関心（興味）をもつことによって、対象に接近する。その結果、かれは対象から多くのものを吸収することによって、感動に満たされ、今度はこの感動がかれを新たに対象に近づけることによって、対象との間に一層緊密な相互浸透作用を招来させる。そしてこの作用が綿密であればあるほど、ますますかれの対象に対する思想は実り豊かなものに成長するのである。したがって、これは、いわば、対象に関する主観的側面の重要性を意味するといえる。

ところで、われわれは一般に対象に対する関心の欠如こそ、真理を認識するための前提であると考えがちであるが、これはまちがった考えで

ある。なぜならば、歴史的にみて、重要な発明や発見、さらに洞察のうちで、思考する人の関心によって促進されなかったものはほとんどないといえるからである。実際のところ、対象に対する関心がなければ、思考は実ることはなく、むしろ鈍くなる。しかしながら、ここでいう関心は、いわゆるたんに関心の有無ということではなく、どのような関心があり、それと真実との関係はどのようなものであるか、という関心である。換言すれば、われわれの観念を歪曲するのは、関心一般ではなく、真実に即さないような関心であり、そのような関心はつねに排除されなければならないのである。

　そして関心というものは、一般に感性に所属する機能と考えられる。このことは、生産的思考には、感性の機能が不可欠の要因であることを意味する。昨今、大脳生理学の立場から、左脳と右脳との機能の相異が話題になっている。それによれば、一般に左脳は理知的な機能をつかさどり、右脳は感性的な機能をつかさどる、といわれる。そして重要なことは、創造性というものはたんに左脳のみから生じるのではなく、右脳との相互作用の結果、はじめて生じるということである。このことは、右脳、すなわち、感性の機能が創造性を促進するための原動力であることを示す証左といえる。その意味で、真実に即した関心をもつことが、生産的思考を実践するための不可欠の要因であることが了解されるのである。そして人間の人間たる証である創造性が、感性に負うところがきわめて大きいことを認識することは肝要なことである。なぜならば、従来の伝統主義的な倫理学は、一般に感性の意義を認めようとしないからである。これでは、人間の機能を一面的にしかとらえることができず、その結果、偏見に満ちた人間観が形成される危険性が生じる。その意味で、今後、感性の機能を人間性の発展のために、いかに活用し、統合し

て行くかが、重要な課題として提起されるのである。

　(2) 客観性、すなわち、対象をあるがままにみて、自分勝手にみないという能力が要請される点である。そのためには、先ず観察の対象となる事物を尊重しなければならい。換言すれば、思考する人が事物に対して抱く尊重の気持ちが客観的であるための前提となる。そして、客観性を実現するためのもう一つの様相は、一つの現象を全体との関連の下で観察することである。一つの現象を全体から孤立させることはその現象についての正しい理解を不可能にする。なぜならば、一つの現象というものは、他の多くの現象との相依相関の下ではじめて成立するものだからである。その意味で、一つの現象を他から切り離して抽出し、それを研究することは、その現象の本来の姿を歪曲化することになり、その結果、その現象の真の姿を把握することが不可能となる。

　また、客観性は対象をあるがままに観ることであるが、そのためには、先ず観察者自身が自己自身をあるがままに観ることが要請されなければならない。なぜならば、自己自身をあるがままに観ることができず、自己本位の欲求・欲望・願望等から成る色メガネを通してみることは、同時に対象をもその色メガネでみることになり、その結果、対象のもつ真実性を歪曲させる危険性が生じるからである。自己自身をあるがままに観るという態度は、いわば自己本位の恣意的・利己的な見解、換言すれば、まちがった主観性を打破することである。その意味で、客観性は注意を欠いた超然性を意味するのではなく、事物や他人や自分をも歪めず、偽らぬこと、すなわち、尊重することを意味するのである。

　このようにみてくると、生産的思考には、主観的側面と客観的側面との双方が必要であることが了解される。そして、生産的思考のダイナミズムは、これら両側面の弁証的展開のなかではじめて成就されるものと

考えられる。それはあたかも、大脳生理学でいう左脳と右脳との機能の統合の結果、創造性が生じる過程と軌を一にしているといえるのである。

（3）　生産的愛

生産的愛を考察するに先立ち、愛一般についてのフロムの視点をみることにしたい。

さて、かれによれば、愛は技術である、という。そして、技術は一般にある目的を達成するための手段である。したがって、愛が技術であるというとき、それは、愛がある目的を成就するための手段であることを意味する。そしてこの目的とは、かれによれば、人間の実存に関する本質的な課題を解決することである。すなわち、人間は理性と想像力とを賦与されることによって、自然の絆からの分離を余儀なくされた。この自然の系列からの分離は、必然的に人間に耐え難い不安と恐怖を招来する。したがって、この孤立感から生じる不安や恐怖や無力感等に打ち勝ち、いかにして新しい合一を達成し、安心を見出すかが、人間にとって最大の課題となる。しかも、人間は、この課題に対して、つねに何らかの回答をしていかなければならない。なぜならば、いかなる回答であれ、この課題に答えていかなければ、人間は正気を維持することができないからである。それゆえ、この課題に何らかの回答を与えることが、人間の歴史の実体であり、またそれに対する多数の回答が、宗教や哲学の歴史でもあるといえるのである。

つぎに、この課題に対する回答のうちで、主要なものをみることにしよう。

⑴　あらゆる種類の祭礼のなかにみられる乱痴気騒ぎによる方法である。これは、原始的な部族の儀式にみられるもので、祭礼が最高潮に達したとき、かれらはエクスタシーに陥り、そのため外部の世界は完全に

消失し、その結果、自然からの分離に伴う不快な感情も必然的に消散してしまうのである。そして、祭礼は慣習的な行事となっていることから、つねに反復されるので、かれらは不安や恐怖や罪悪感等を招く必要性がなくなるのである。

また、これに類似した方法として、アルコール中毒と麻薬の嗜癖、および性的オルガズムがある。前者は一般に祭礼をもたない文化圏に住む人々が選択する方法であり、後者は愛を伴わない性的行為であり、両者とも、一時的には、不安や恐怖を減少させることがあるにせよ、結果的には、分離感を一層増大させることになる。

(2) グループへの同調に基づいた合一ないしそのグループの慣習、信仰への合一による方法である。これは、いわば、個人の自我がグループのうちに埋没することによって消失し、その結果、自己の目的が大衆のそれに吸収されるような合一を意味する。すなわち、自己の感情、思考、習慣、さらに服装や思想までもが、グループのそれらと同一であるならば、人間は孤独という脅威的な体験をもつ必要性は自ら不用となる。かれはすべての面でのグループとの一致を偶然と錯覚し、自己自身はつねに主体的に行動していると思い込んでおり、しかも、すべての人々との意見の一致を、自己の考えの正当性を立証するための根拠とするのである。

(3) 創造的活動に打ち込むことによる方法である。すなわち、あらゆる種類の創造的な仕事に従事することによって、人はその対象と一体となり、自己自身を外部の世界に結びつけることができる。その結果、分離感や孤立感は消失する。しかしながら、この方法は、対象があくまでも「もの」であることに限定される点に問題がある。

(4) 愛における対人間的合一による方法である。これは、人間対人間

の融合であり、これにより、人類の一体化が成就される。したがって、この方法が最も合理的な回答であるといえる。そしてこれには、2種類の形態がある。

①未熟な愛——共生的合一

共生的合一とは、具体的には、母親と胎児との関係にみられる状態をいう。すなわち、この関係は形式上、母親と胎児との二人の人間が存在するが、実質的には、胎児は母親の腹中にあって、母親に完全に依存し、一体化しているので、一人とみることができる。このように、生存するために、お互いに依存し合い、他を必要とする合一形態が、共生的合一である。そして、その受動的形態は、「服従」（マゾヒズム）、また能動的形態は、「支配」（サディズム）と呼ばれる。

したがって、マゾヒズム的人間とは、かれを指図し、指導し、保護する人、またはかれの生命となり、その酸素である他の人の一部となることによって、孤立と分離という耐え難い感情から逃避を企てる人間である。このように、かれは自己本来の姿を自ら放棄し、外部の何ものかに自己をつねに従属させ、その道具となることによって、不安や孤立を回避しようとするのである。

それに対して、サディズム的人間とは、他人を自己の一部にすることによって、換言すれば、自己を崇拝する他の人間を自己のうちに取り込むことによって、自己自身を膨張させ、強化しようとする人間である。このように、サディズム的人間は、マゾヒズム的人間がつねに他人に依存するように、つねに自己を服従する人間を必要とするのである。

そしてどちらも、他人の存在なしには、生存することができないので、両者の関係は共生的合一の状態にあるといえる。

②成熟した愛——生産的愛

生産的愛は、人間の実存的課題を解決するための最も合理的な回答である。それは、人間が本来の全体性と個性をもったままの状態で合一することである。そして、それはまた、人間のうちにある活動的な力であり、さらに人間をその仲間から隔離するところの壁を破壊し、かれを他の人々と結びつける力である。

　このように、生産的愛は、われわれがそれぞれ本来の姿を保持することによって、他の人々と合一し、孤立と分離の感情を克服することである。したがって、そこにおいて、二人の人間は合一によって一つとなるが、しかもこの一つの状態において、二人の人間は全く別であり、二人の人間のままであるという矛盾した事態が生じるのである。

　つぎに、成熟した愛（生産的愛）が活動的な力であるという場合の「活動」の意味について、一言しておくことにする。一般に活動とは、ある目標を達成するために、エネルギーを使用することであり、またエネルギーを使用することによって、外界に変化を与えることである。しかしながら、ここでいう活動とは、上述した定義に関係なく、人間に賦与された力を十分発揮することによって、他人やものを豊かにして行くことを意味する。したがって、生産的愛はつねに自己以外の対象に向けられ、拡大して行くのであり、それによって、対象に生命を吹き込み、それらを活性化させることができる。換言すれば、それは、他に与えることであり、他から受け取ることによって、他のなかに埋没・依存することではないのである。

　つぎに、生産的愛に不可欠な基本的要素についてみることにしたい。
　ⓐ付　与：　一般に与えるということは、自分自身を貧しくし、損をするように考えられるが、これはきわめて皮相的な見解といえる。与えるということは本来、人間の潜在的能力の最高の表現であり、その行為

において、人は自己の強さや富や力を経験することができ、その結果、かれは非常な喜びに満たされるのである。換言すれば、与えるという行為は本来、自己の生命の表現ないし展開を意味する。したがって、人間に対して、与えるということはきわめて重要な意味をもつことになる。なぜならば、自己の生命のすべてを無償で相手に与えるということは、相手を一層豊かな存在へと創造することであり、またそれを通じて、自己のうちにある潜在的可能性を実現することができ、その結果、生きているという実感を確認することによって、無上の喜びを体得することができるからである。喜びとは、動物にはみられない人間固有の感情であり、それは、人間として固有の可能性が十分に実現されたときにのみ、実感される。

このようにみてくると、与えるという行為は、究極的には、自・他双方の成長に不可欠な要因であることが了解されるのである。

ⓑ配慮（関心）： これは、愛するものの生命と成長とに、積極的に対応することである。換言すれば、細心の注意を払って、愛するものの生命を慈しむことである。そして、この関心をもつということはまた、相手の本質をとらえることでもある。すなわち、愛するためには、先ず相手の本質を十分知らなくてはならない。そして、これを前提にして、どのようにして相手の生命を豊かにするかを考えるのである。その意味で、関心は生産的愛のきわめて重要な構成要素といえる。

ⓒ責　任： 責任とは、英語でresponsibilityというが、これはラテン語のresponseすなわち、応答する、という語に由来する。したがって、責任とは、その語源が示すように、相手に応答することができ、しかもその準備ができていることを意味する。換言すれば、それは、相手の表現された、あるいはまた未だ表現されていない欲求に応答する準備

ができていることである。

　このように、責任は相手が人間として成長するために不可欠な欲求に誠意を以て答えることにより、相手の潜在的可能性を実現させ、人間的な成熟を助成することなのである。そして、このような行為はあくまでも自発的でなければならず、決して義務的であってはならない。なぜならば、相手の成熟を助成するという人間的行為は、義務的行為から発生するものではなく、かりにそうであっても、相手の内面を根底から揺り動かすような原動力とはなり得ないからである。義務的行為というものは、相手に深い感動を与え、相手の深層を根本から変革するようなポジティヴな行為ではなく、ただ人間として遵守すべき最低限の行為を意味するにすぎないきわめて形式的な行為なのである。

　それゆえ、責任はつねに相手の欲求の充足を通して、相手の成熟を助成することからして、生産的愛には不可欠の要素であることが了解される。

　ⓓ尊　敬：　尊敬とは、本来その語源（respect＜（L）respicere=to look at）が示すように、人間をあるがままにみることを意味する。すなわち、それは、人間をあるがままにみることによって、その人間の特異な個性を知り、その個性が実現されることによって、ユニークな人間として成長・発達すべきであるという、われわれの関心を表現することばである。

　したがって、尊敬の基盤は、各人に賦与された個性を実現し、この世界で唯一、ユニークな人間になることのうちに求められる。このことはまた、裏からみるならば、尊敬は個性を実現することのできない人間には妥当し得ないことを意味する。その意味で、尊敬と自己実現とは、表裏一体の関係にあることが了解される。したがって、尊敬はまた、人間

が真の自由（……への自由）を獲得したとき、はじめて成就し得るといえる。なぜならば、真の自由は、自己実現の基礎を構成しているからである。

このようにみてくると、尊敬—自己実現—自由という概念は、人間の完成された状態を構成するきわめて重要な側面を指示していることが了解されるのである。

ⓔ知　識：　知識は、上述した要素のすべてに必要である。なぜならば、尊敬は、その人間を十分に知ることなしには不可能であるし、また配慮や責任も、もしそれらが知識によって導かれなければ、盲目とならざるを得ないからである。

ところで、ここでいう知識は、相手のたんなる表面的、皮相的な情報ではなく、相手の中心を直接把握するような深遠な情報を意味する。そして、この中心（核）を知る方法として、二つの形態が考えられる。

(1)　相手を完全に支配することによって、かれの本心を吐き出させる方法である。これは、極端なサディズムのうちに典型的にみられるものであり、相手を力によって苦しめ、痛めつけることである。しかしながら、この方法は相手を一つのもの、すなわち、自己の所有物に変形させてしまうので、かれの本心を探り出すことはできない。なぜならば、ものと化した人間はもはや死んだ人間であり、死んだ人間からは生きた真の生命の奥義を取り出すことはできないからである。

(2)　他人との真の合一による方法、すなわち、愛や直観による方法である。相手の心の中核を完全な形で知るためには、愛や直観以外の方法は考えられない。なぜならば、愛や直観という行為は、思考や言語を超越し、相手の中核に到達することを可能にする唯一の武器

だからである。それに対して、思考による知識は、相手の中核を射るだけの能力はなく、せいぜい中核に至る過程の解明に寄与する程度の皮相的な能力にすぎない。

このようにみてくると、われわれの心理的知識というものは、あくまでも思考による知識であり、その意味で、人間を知る上での必要条件ではあるが、決して人間の本質を理解するための十分条件にはなり得ないことが了解されるのである。したがって、思考による知識は、「もの」の本質を知る上では、必要かつ十分（条件）ではあるが、「人間」の本質を知るためには、不十分であり、愛や直観という感性の力が要請されなければならない。このように、感性には、思考（理知）では到達できない深遠なものを把握する優れた能力がある。このことはまた、裏からみるならば、人間の本質というものは、理知のレベルでのみとらえられるような単純なものではないことを意味する。すなわち、人間の中核はあたかも水がこんこんと湧き出すように、きわめて複雑にしてかつダイナミックな様相を呈していると考えられる。したがって、それを把握するためには、それから派生した理知的能力ではなく、同一の基礎をもつ感性以外にはないといえるのである。

3 最良の状態

最良の状態とは、極端にいえば、人間の実存的課題を解決するために考案された回答といえる。すなわち、人間は自らの意志なしに、この世界に投げ込まれ（被投企性）、かれの意志なしに、この世界から取り去られる。しかも、人間の本能はその環境に順応するために必要な機制を欠いている。したがって、人間はその生によって生きられるのではなく、その生を生きなければならないのである。かれは自然のなかにはいるが、

なお自然を超越し、自分自身を十分自覚している。そして、この分離した存在としての自分自身を意識することは、かれをして耐え難い不安と孤独とに直面させると同時に、自己の無力感を喚起せしめることになる。

そして、このような人間存在から生じる実存的課題を整理すると、つぎのようになる。

(1) いかにして、われわれは分離の経験がつくり出すこの悩みや、閉じ込めや、恥というようなものを克服することができるのか。

(2) いかにして、われわれはわれわれの内部において、仲間や自然との合一を見出すことができるのか。

そして、これらの課題に対して、従来多くの回答が考案されてきたが、それらを大別すると、つぎのようになる。

(1) 自覚がはじまる以前に、すなわち、人間が生まれる前に存在していた統一の状態へ退行することによって、分離感を克服し、統一を見出すことである。(退行的回答)

(2) 十分に生まれることであり、自分の自覚、自分の理性、自分の愛する能力等を、自分自身の自己中心的な関与を超えて、新しい調和や世界との新しい合一に到達するまで発展させることである。(生産的回答)

さて、退行的回答には、いくつかの段階が考えられるが、それはまた、病理と非合理性とを示すいくつかの段階でもあり、つぎのように示される。

①子宮に還り、大地に還り、死に還るという情熱に取りつかれている最も重症な段階である。そして、それらの目標に到達できなければ、かれらを待ち受けるのは、自殺か狂気のいずれかである。

②母親の胸や手に抱かれたり、あるいは父親の命令に、いつまでも服従していようとする段階である。ここにおいて、人間は永遠に依存する

乳児となる。換言すれば、かれは命令を与え、賞罰を与える権威の下でのみ、自発性と活動性とを発展させる権威主義的人間にとどまるのである。

③すべてのものを破壊しようとする激情によって、分離感を克服しようとする段階である。すなわち、ここにおいて、かれは世界と世界におけるすべてのものを食物として完全に呑み込んでしまうか、あるいは自分自身以外のすべてのものを徹底的に破壊してしまうのである。

つぎに、これらを踏まえ、最良の状態についてみることにしよう。

それは、具体的には生産的回答のうちに存在し、その特徴を示すと、つぎのようになる。

①それは、理性が十分発達した結果、到達される状態である。その理性とは、単なる知的判断（認識）ではなく、ものごとをありのままにしておくことによって、そのものごとの真実（理）を把握することを意味する。

②それは、人間がそのナルシシズムを克服した程度に応じて、開かれ（禅の意味において）、反応的となり、感受的になり、覚醒し、空虚になる程度においてのみ可能となる。

③それは、人間と自然に対して、情意的に十分関係づけられ、分離と疎外とを克服し、存在するところのすべてのものと一つになる経験に到達し、しかも私自身を同時に分離した存在、すなわち、個人として体験することである。

④それは、十分に生まれること、換言すれば、人間が潜在的にあるところのものになることである。

⑤それは、喜びや悲しみに対する十分な能力をもつこと、換言すれば、通常の人間が生きている半睡状態から目覚め、十分に覚醒していること

を意味する。

⑥それは、創造的であることである。すなわち、私自身や他の人々、さらに存在するところのすべてのものに対して反応し、応答すること、換言すれば、私が全人として、あるがままのすべての人やすべてのものの現実に対して反応することである。そして、この全人として反応するという行為のうちに、創造性の領域、すなわち、世界を如実にみて、それを私の世界として体験する領域が存在する。その世界とは、私の創造的な把握によって創造され、変容される世界である。かくして、それは、かなたにある無縁の世界であることをやめて、私の世界となる。

⑦それは、自分の我を捨てることである。すなわち、貪りをやめ、自我を保存し、拡大しようと絶えず努力することをやめることである。換言すれば、それは、「ある様式」において、自我を体験することである。ある様式とは、何ももつことなく、また何かをもとうと渇望することもなく、自分の能力を生産的に使用し、世界と一体化することである。

第2節 自己実現する人間——A・H・マスローの場合

1 新しい欲求概念

ヒューマニスティック心理学の創始者であるA・H・マスロー（1908～1970）は一般に心理学でいう欲求、すなわち、「欠乏（欠損）欲求」に対して、「成長欲求」という概念を提唱する。欠乏欲求とは一定の充足された状態から不足が生じたとき、それを元の充足された状態に戻そうとする衝動をいう。それに対して、成長欲求は基本的欲求が十分に充足された状態の下で成立する欲求であり、従来の心理学ではほとんど顧慮されることのなかった新しい欲求概念である。

かれによれば、欲求は図9－1のように分類される。

ここで、すべての基本的欲求が欠損欲求であるわけではない。欠損欲求とは、もしそれが充足されないと、病気の原因を構成するような欲求をいう。また、成長欲求とは、人間がさらに完全な存在になろうとする欲求である。換言すれば、人間に賦与されたすべての可能性を実現し、真の人間になろうとする欲求である。したがって、それはまた、「自己実現」への欲求ともいえる。

つぎに、マスローはこれらの欲求間の関係について、欲求階層論ともいうべき独自の見解を展開する。かれはいう。「これらの欲求は二分法的に対立するものではなく、むしろ統合せられた階層という形を

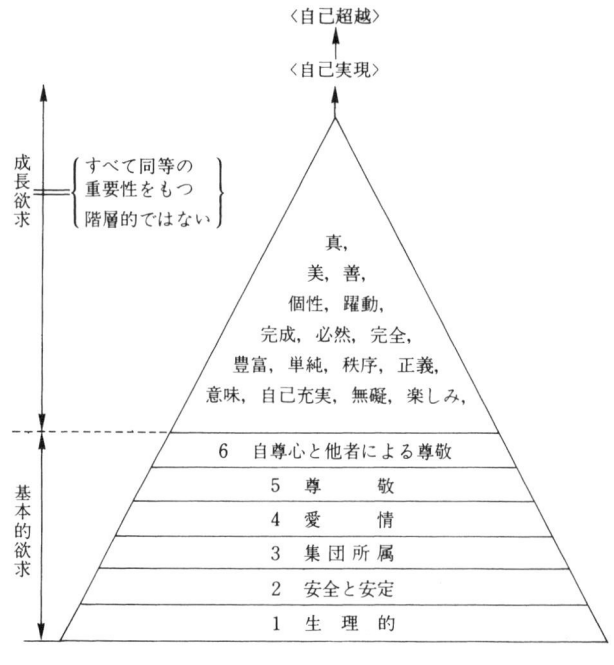

〈自己超越〉

〈自己実現〉

成長欲求 { すべて同等の重要性をもつ階層的ではない }

真，美，善，個性，躍動，完成，必然，完全，豊富，単純，秩序，正義，意味，自己充実，無礙，楽しみ，

基本的欲求

6　自尊心と他者による尊敬
5　尊　　　敬
4　愛　　　情
3　集団所属
2　安全と安定
1　生　理　的

図9－1

とって配列せられている。すなわち、それらはひとつひとつ積み重ねられるのである」と。さらに、それらの欲求の出現については、つぎのようなルールがあることを提唱する。「人間の高い性質はその低い性質に依存し、これを基礎として必要としており、この基礎がなければ崩壊するといえる。すなわち、人間の高い性質は基礎として低い性質の満足がなければ考えられないのである。この高い性質を発達させる最善の方法は、先ず低い性質を満たし、満足させることである。さらにまた、人間の高い性質は現在および以前に、良好ないしかなり良好な環境のある場合に存在するのである」と。このルールにしたがえば、安全の欲求は、生産的欲求が十分充足されることによってはじめて出現するのであり、また所属の欲求は、安全の欲求が満たされることによって生じることになり、以下、……。そして基本的欲求が順次充足されることによって、成長欲求が生じ、それらが充足されることによって、「自己実現」の欲求が成立するのである。

　このように、マスローによれば、低次の欲求が順次充足されることによって、高次の欲求が生じることからして、低次の欲求が十分に満たされない場合の成長を、とくに「満足されない欲求をやり過ごすことによる疑似成長」と呼ぶ。そこにおいては、満たされない欲求が絶えず無意識的な力として固執され、反復強迫としてわれわれを襲うという、きわめて危険な状況が招来されるのである。

2　欲求価値論

　上述したように、マスローは欲求のもつポジティヴな側面を、成長欲求という概念で示したが、かれはさらに、欲求に積極的な意味を付与し、つぎのようにいう。「個人の構造上の相違は、自己に、文化に、世界に

関係づける方法に好みを生む。つまり、価値をつくり上げる。これらの研究は、個人差に関する一般的な臨床経験を支持するとともに、またそれによって支持せられる。これはまた、それぞれの文化が人間の構造上の可能性のうちから、その少部分を搾取したり、抑圧し、あるいは是認したり、否定したりすると考えることにより、文化の多様性を理解しようとする民族学上のデータについてもあてはまる。これは、すべて器官体系が自らを表現しようとつとめる。つまり、はたらくよう駆り立てられることを示す生物学的データや理論、自己実現の理論と一致している。筋肉的人間は自分の筋骨を用いることを好む、というよりも、自己を実現し、調和したこだわりのない満足なはたらきにともなう主観的感情にひたるために、筋肉を使わなければならない。このような主観的感情は、心理的健康の非常に重要な一面なのである。知能に優れた人は、その知能を使わなければならないし、眼をもった人は、その眼を使わなければならない。愛する能力をもった人は、健康を感じるために、愛する衝動、愛する欲求をもつのである。やかましやの能力を用いる人は、ただそれを十分用いているときだけ、そのやかましさをやめる。つまり、能力は欲求であり、したがってまた、本質的な価値でもある。能力に相違があるように、価値もまた異なる」と。

　ここで、マスローは価値の始源を、われわれが自らの個性に基づく、世界との関係の仕方のうちに求めていることが了解される。すなわち、われわれはそれぞれ独自な方法で、自己自身を外部の世界に関係づけながら、生存しているが、その関係づけを行うこと、それ自体が価値を構成するのである。そして、人間がそのような関係づけを行いながら生存するのは、人間のうちにある能力によるのであり、またその能力は、具体的には、欲求という形態をとって外部に表現される。ところで、人間

第2節　自己実現する人間——A・H・マスローの場合

　独自の能力というものは、人間を他の存在から区別し、人間のユニークさを表現する指標であることからして、それはまた、人間の本質の具現された形態としてとらえることができる。それゆえ、人間の本質＝能力＝欲求＝価値という等式が成立する。マスローがいうように、筋肉的人間は、筋肉を十分に使うことによって、自己自身を世界に関係づけるのである。この場合、筋肉に優れているという能力は、かれの本質に由来するのであり、したがって、それを使用することによって、世界と対応したいという欲求が生じるのである。

　さて、人間には、一般に共有された普遍的な能力と、その人間にだけしかみることのできない個性に基づいたユニークな能力とがある。それゆえ、価値にも、共有された普遍的な価値と、その人間だけの特異な個別的価値とが区別される。

　つぎに、これら欲求間の関係であるが、これについてはすでにみたように、マスローは階層理論を展開する。すなわち、高次の欲求は、低次の欲求の充足を通してはじめて成立するということである。そして、低次の欲求が順次充足されることによって、高次の欲求が出現し、究極的には、自己実現への欲求が成立する。その意味で、すべての欲求は、それを統合する自己実現への欲求の楷梯と考えられるのである。われわれがここで留意しなければならないことは、人間の高度の価値は、低次の価値を前提にして、はじめて成立するということである。このことはまた、裏からみるならば、高次の価値は、低次の価値を基礎としており、この基礎がなければ、崩壊するということである。したがって、高次の価値を実現させる最善の方法は、先ず低次の価値を充足させることであるといえるのである。

　そしてこの事実は、倫理学にとって、きわめて重要な意義を提供する。

なぜならば、倫理や道徳という人間の高次の性質に関連することがらは、それ自体自然発生的に発現するのではなく、低次の性質の充足によってはじめて成立することが明白になるからである。すなわち、従来の倫理学では、人間の高次の性質と低次の性質とを二分し、それらをつねに対立するものとしてとらえ、したがって、倫理や道徳は、高次の性質（理性、知性）が低次の性質（感性）を無意識のうちに抑圧し、かつ意識的にも抑制するところに成立するものと考えられてきたのである。確かに、表面上は、そうすることによって、道徳的に優れた人間に成長したようにみえるが、かれの心中を洞察するならば、まさに二つの対立する命令の葛藤状態にあり、決して心理的に安定した状態の下で、道徳的行為を営んでいるわけではないことが了解される。すでにみたように、マスローは、このような状態の成長を、「満足されない欲求をやり過ごすことによる疑似成長」と呼ぶ。それは、つねに危険な基礎の上に立脚しており、しかもそこにおいては、充足されない欲求が絶えず無意識的な力として固執され、反復強迫としてあらわれるというきわめて不安定な心理状態が出現する。それはまさに、砂上の楼閣であり、したがって、そういう人間を、真の意味で、道徳的に優れた人間というに値するかは大いに疑問であるといえるのである。

3　自己実現の構造

（1）　自己実現の意味とその特徴

マスローにとって、心理的に健康な人間は基本的欲求を充足し、成長欲求を志向する、自己実現する人間である。

自己実現とは、可能性、能力、才能の絶えざる実現として、使命あるいは天職、運命、天命、職責の達成として、個人自らの本性の完全な知

識や受容として、人格内の一致統合、共同動作へと向かう絶えまない傾向として規定される。また、自己実現を定義する場合、つぎの条件が含まれることを、マスローは要請する。すなわち、精神的な核心、あるいは自己を受け入れ、これを表現すること、つまり、潜在的な能力、可能性を表現すること、人間性や個人の本質を活用すること。つぎに、それらはすべて不健康、神経症、精神病、基本的な人間能力の喪失ないし縮少を最小限にしか表現していないことである。

このように、自己実現はそれぞれの人間の中核である内的本性を引き出し、それを十二分に発展させることである。そしてこの内的本性には、全人類に普遍的な本性と、その人間だけにしかみられない本性（個性）とが区別される。したがって、自己実現はこれらの両方の本性を実現することを意味するのである。

つぎに、自己実現する人間の全体的特徴をみることにする。マスローは、それをつぎのように概括する。

①現実の優れた認知。
②高められた自己、他人、自然の受容。
③高められた自発性。
④問題中心性の増大（自分の外の問題に、エネルギーを投入する）。
⑤人間関係における独立分離の増大と高められたプライバシーに対する欲求。
⑥高められた自立性と文化没入に対する抵抗。
⑦非常に斬新な鑑賞眼と豊かな情緒反応。
⑧非常に頻繁に生じる至高体験。
⑨人類との一体感の増大。
⑩変化を遂げた（臨床家は改善されたというであろう）対人関係、すな

わち、他人と融和し、愛し、完全に同一視できるし、自我の境界を取り去る事ができる。

⑪一段と民主化された性格構造（階級、教育、政治的信念、あるいは人種とか皮膚の色とかに関係なく、適当な性格の人とも親しくできるし、また実際に親しくしている）。

⑫非常に高められた創造性。

⑬価値体系における特定の変化。

就中、⑧の至高経験は、自己実現の存在を立証するきわめて重要な概念と考えられる。換言すれば、自己実現は、至高経験が得られなければ生じないのである。

至高経験（peak experience）とは、B（being＝生命）愛情（他人や対象物の生命のための愛）の経験、親としての経験、神秘的・大洋的・自然的経験、美的認知、創造的瞬間、治療的あるいは知的洞察、オーガズム経験、特定の身体運動の成就、あるいはこれら以外の最高の幸福と充実の瞬間についての基本的な認識事態をいう。

(2) 人間の内的本性と心理的健康

内的本性とは単に肉体上の構造ばかりではなく、その最も基本的な諸欲求、諸々の欲望、さらに精神的な諸能力をも包含する概念である。それは、通常明瞭で容易に感知されるのではなく、むしろ覆い隠されていて実現されず、きわめて微弱な存在として存続する生得的な性向である。そして、もしそれが阻害されると、精神病理的状態を生み出し、またその満足が健康な性格を形成することからして、心理的健康には無視できない存在といえる。

しかしながら、人間の本性はかつては、深層において、危険で邪悪で、略奪的で、貪欲であるという原則の上に、統制、禁止、鍛錬、適合等の

ことばを必要とする存在としてとらえられていた。したがって、教育、家庭内の訓練、子どもの育成と向上等、いわゆる一般に文化受容といわれるものは、すべてわれわれの内部に潜む暗い諸力を統制下におく過程として理解されてきたのである。それに対して、新しい力動的心理学では、人間の本性を自発性、解放、自然さ、自己受容、衝動自覚、満足等の積極的な概念によってとらえようとする。したがって、もし有機体が自ら欲求するところのものを、その欠乏が病気に導くという形態によってわれわれに告げるならば、これは有機体にとって、何がよいかを告げていることを意味する。換言すれば、人間の本性に由来する欲求は、それ自体本来よいものなのである。

ところで、人間の本性を順調に育成するためには、良好な環境が必要である。よい環境はよい人格を育成するが、この関係は完全とはいい難い。また、環境条件においても、物理的・経済的な要因よりも、精神的・心理的な要因の方がきわめて大きな影響を与える。それゆえ、理論上考えられるよい環境とは、すべての必要な生の材料を提供し、その後、脇に退き、有機体自身にその願望と欲求を表現させ、かつ選択を行わせることであるといえる。

さて、マスローによれば、歴史的にみるならば、人間の本性の実現形態である理想型には、時代によって相違がみられる。すなわち、中世─宗教的人間、ルネサンス期─知性的人間、資本主義期─経済的人間、ファシズム期─英雄的人間である。そして、つぎの時代は、心理的（精神医学上）健康な人間（eupsychic）であり、かれらの住むユートピアは、「ユーサイキア」（eupsychia）と呼ばれる。このユーサイキックの本質について、マスローはつぎの点を指摘する。

①人間は自分自身の本性、すなわち、肉体的構造と対応して扱われ、

検討することのできるある精神的構造の骨子をもっていること、またかれは遺伝的に基礎づけられる諸欲求、諸能力、諸傾向をもっていること、そしてそれらのいくつかは、全人類に共通した特徴であってすべての文化的境界線を貫くものであり、また他のいくらかは、個々人に特有であるということへの強い確信である。これらの諸欲求は、みたところよいか、そうではなくとも、悪くはないのである。

②完全に健康で、正常なそして望ましい発展は、この性質を実現するところに、またこれらの潜在諸能力を充足するところに、そしてこの隠された、微弱な、漠然とした本質的性質が指示する（外部からではなく、内部から発生する）諸方向に沿って、完全へと進展するところにあるという概念が、そこに包括されている。

③一般に精神病理的状態は人間の本質の拒絶、または阻害、または曲折に起因することは現在では明白である。この概念によると、何がよいのであろうか。それは、人間の内的性質の実現の方向において、この望ましい発展をもたらすものなら、何でもよいのである。それでは、何が悪いのか、または異常なのか。それは、人間の本性を阻害したり、封鎖したり、拒絶するものは、何でも悪いのである。何が精神病理なのか。それは、自己実現の進路を妨害したり、阻害したりするものすべてがそうである。精神療法とは何か。またどのような種類のどのような療法においても、療法とは何なのか。それは、どのような種類のどのような方法でも、人間の自己実現の、そして内的本性が指示する方向に沿った発展の進路に引き戻すのに助けとなるものは、すべて療法である。

さて、このような考え方は、倫理思想史的にみるならば、アリストテレス学派やスピノザ学派の理論ときわめて類似していることが了解される。しかしながら、マスローによれば、かれの理論には、誤謬と欠陥が

あるという。そして、かれらの理論と致命的欠陥に導いた諸種の知識は、とくにS・フロイトによって発見された。その致命的欠陥とは、人間の無意識的な動機についての理解である。すなわち、従来の考え方によれば、人間を理解する場合、意識的レベルの動機や行動のみを探究していたが、人間を根源的に揺り動かす動機は、むしろ無意識のうちにあり、それを最初に発見したのが、S・フロイトであった。このことは、その後の諸種のサイコセラピーの成果によって、確認されているのである。

ところで、アリストテレスはどのような方法で人間の本性を理解していたのであろうか。かれの方法は、細心の注意を傾注して、人々を研究し、かれらがどのような人々であるかを観察することであった。それは、人間を単に表面的に観察することであることからして、心中の無意識のレベルまで到達することはできなかった。したがって、かれの成し得たことは、かれ自身の文化とその時代におけるよい人間像をつくり上げることであったといえる。すなわち、現実の奴隷制度を容認し、ある人が奴隷であることは、それがかれの本質的性質であり、それゆえ、かれにとって、奴隷であることはよいことなのであるという考え方が、アリストテレスの基本的態度なのである。

最後に、アリストテレスの理論とマスロー等の第三勢力のそれとの本質的相違について、言及しておこう。

①第三勢力は、人間が現在どうであるかということのみでなく、どのようになり得るかをも、現在知ることができると主張する。すなわち、われわれは表面のみでなく、また現状のみでなく、潜在的能力をも同様にみることができる。換言すれば、何が人間の内部に隠されて存在するのか、また何が抑圧され、無視され、みえないままに存在するのかを、今では十分認識することができるのである。

②自己実現という人間の高次の性質の発現は、理性や知性だけによっては得られないということである。すなわち、アリストテレスの理論によれば、人間は、本能→感情→知性→理性というヒエラルキーを構成している。そして、理性は人間の最高位の能力であり、したがって、それは本能や感情とはつねに敵対関係にあり、お互いに葛藤状態にあるといわれる。それに対して、第三勢力の立場は、これらは決して互いに反目し、敵対し合うのではなく、協同し、相互に作用し合うものであると主張する。すなわち、健康な人間とは、諸部分の統合、つまり統一体である。そして、自分自身と反目し合い、理性と感情が葛藤し合う人は、精神的に疾患のある人なのである。

このように、自己実現は思考活動ばかりではなく、知的能力・感情的・本能的諸能力の活動的な表出を包含した人間の全人格性の実現によって生じるのである。

なおまた、心理的健康を理解する上で、人間と他の生物との相違を知ることはきわめて重要なことである。マスローは人間の生得的要因の特徴を他の生物と比較して、つぎのようにいう。

① 人間の欲求や好みや残存する本能が強力ではなくて微弱であり、あいまいではなくて、明確である点である。

② そこにまた、疑問と不確実さとの葛藤の余地が残されているという点である。

③ 文化によって、学習によって、他の人々の好み等によって、それらすべてが見失われ、容易に押えつけられてしまう点である。

第3節　プロプリウム的人間——G・W・オルポートの場合

1　人間の生得的傾向性

　オルポート（1897〜1967）は、人間の生得的な傾向性として、つぎのものを指摘する。

　(1)　生存を助長するところの種に共通な諸傾向である。これはいろいろな反射の装備、また動因となる諸々の欲求、さらにホメオスタシスの諸過程であり、厳密な意味で、本能的と呼ばれるものはすべてここに包含される。

　(2)　われわれがふつう「天賦」（遺伝）と呼んでいるすべてのもの、すなわち、家族、血統、および種族を結びつける遺伝原質に由来する諸特性である。

　(3)　生成の過程において、決定的な役割を演ずる潜在的な能力であり、また幼児が自分の所属する種の刷り込み型の複写以上のものになるための能力である。これらの能力は、成人の状態に到達するための可能性を表し、成長と秩序整然たる構造を確保する種類の能力なのである。そして、オルポートは、このようなユニークな生成過程を決定する傾向性を、「プロプリウム」（proprium）と呼ぶ。それは、われわれがとくに自分自身のものとみる生活領域のすべてであり、パーソナリティの内的統一を助長するあらゆるアスペクトを包含する。換言すれば、プロプリウムとは、個々人に本来的に独自なもの、固有なもの、とくに自分自身のものと感じられるところのものすべてを意味するのである。

　したがって、パーソナリティは、ただ人類という種に共通の欲求という貧寒な賦与に対する刺激の衝撃によってのみ支配されるのではな

い。パーソナリティの生成過程は、同様にまた、それの可能性を実現する傾向性によっても統御されるのである。換言すれば、それは発達のあらゆる段階において、独特の人間になるという傾向性によって統御されるのである。そして、その場合、最も肝要な能力の一つは、個人化（individuation）の能力である。それは、自己を覚知し、自己批判を行い、また自己高揚をつとめる個性的な生活型の形成を行う能力である。

それではつぎに、プロプリウムの内容（＝機能）をみることにしよう。

（1） 身体感覚

われわれが出会う第一のアスペクトは、身体的自我である。それは、有機体の内部で（内臓諸機関、さまざまな筋肉、腱、関節、前庭管、およびその他の身体のいろいろな部位から）起こるさまざまの感覚の流れで構成されている。身体感覚の術語は、「セネステジー」（coenesthesis）というが、それは、われわれの自我意識のために一生涯の間、保つ錨であるといえる。換言すれば、自我意識というものは、身体感覚をベースにして構成されるのである。したがって、われわれの身体に本来的に所属するものとして知覚されるのは、暖かい（生き生きした）もので、かつ喜び迎えられるものである。それに対して、われわれの身体から分離されたものとして知覚されるのは、まばたきをする一瞬間に、つめたい（死んだ）よそよそしい外物になってしまうものである。このように、身体感覚は自我と密着してプロプリウムの基盤を構成しているのである。

（2） 自己同一性

自己同一性は、時間的経過（変化）にもかかわらず、われわれは主観的には、同一の人間であると確信することである。それは、嬰児にはみられず、社会的交互作用を通じて、4・5歳頃からしだいに獲得される。すなわち、子どもに、自分は他人とは異なり、それ自身絶対的存在だと

いうことを理解させるのは、子どもがいろいろと区別しながら、適応する他人の行為なのである。

（3） 自我挙揚

自我挙揚とは、厚顔な自己＝追求のことであり、生存の欲求に規定される。われわれ人間は自然によって、自己主張の衝動および自己満足と誇りの感情を与えられている。したがって、とくに顕著な特性としては、誇り、屈辱、自惚、自己愛等が指摘される。

さて、以上述べた三つの側面は、子どものプロプリウムの全体を特徴づけるもので、パーソナリティの比較的初期の発達においてみられるものである。これらの傾向の執拗な欲求は、根強い生物学的性質をもっており、有機体自体のなかにその根源をもつと考えられる。

（4） 自我拡大

ここでいう自我拡大とは、一人の人間が「わたしのもの」と呼ぶ対象についていう。そして、それは学習過程によって、促進され、当初は自己と自己の所有物との同一視にはじまり、成長するにしたがい、両親、いろいろな集団、近隣社会、および国家へと発展し、さらに抽象的、道徳的、宗教的なものへと拡大される。実際、成熟のしるしは、人がもつ抽象的諸理想と自我との関わり合いの感情の範囲とその拡がりにあるといえるのである。

（5） 推論機関

これは、自我の理性的機能を意味する。その機能は、フロイトによって、拒否、抑圧、置換、合理化等の「防衛機構」（defense mechanism）を成立させることが指摘されたが、さらに真実の解決、適切な適応、明快な計画、および生の方程式の比較的誤りのない解き方を提供することができるのである。

古来、多くの哲人達は、人格とは、個人の本体たる理性的性質である、というように、パーソナリティの理性的性質を、パーソナリティの最も顕著な特性とみなしてきた。それは、パーソナリティにおける理性的機関としての自我が、合理的推察を行うにしろ、あるいは単に合理化を行うにしろ、究極的には、内的欲求と外的実在とを統合する機能をもつからである。

（6） 自我像

自我像には、二つの側面がある。一つは、セラピーにおいて、患者が自分の能力、地位、および役割を介意する方法、および患者がなりたいと思うもの、つまり自己自身に対する志望である。もう一つは、理想的自我像である。それは、一方では、強制的で、補償的で、かつ非現実的であり、それの所有者を盲にして生における真実の事態を隠してしまうものであるが、他面また、それは、洞察に満ちた認識地図であり、現実と正確に一致し、かつ健全な野心を決定する。したがって、理想的自我像はプロプリウムの想像的側面であり、必ずやその進路を描き出すのである。そして、この進路に沿って、多くのプロプリウムの運動が展開し、治療の進歩が達成されるのである。

このように、自我像は、われわれに力を貸すことによって、われわれの現在の眺望を未来の眺望と一致させ、われわれの成長を促進する機能を果すのである。

（7） プロプリウム的希求

低い水準の行動においては、その行為の規定要因は、衝動と欲求の直接の満足と緊張の緩和とであるが、パーソナリティが自我＝拡大の段階に入り込み、自己完成のヴィジョンとともに、自我像が発達するやいなや、ちがった秩序の動機を、すなわち、プロプリウム的希求を反映する

諸動機を仮定せざるを得なくなる。

　しかしながら、多くの心理学者は、このプロプリウム的希求の存在を認めようとはしない。かれらは、有機体が本能もしくは学習によって、できる限り能率的に、緊張からくる不快を緩和するような方途で行動する傾向性を確信しているのである。したがって、かれらにとって、動機づけとは、われわれを導いて、平衡を、休息を、適応を、満足を、もしくはホメオスタシスを求めさせるところの張りつめた状態であると考えられる。それゆえ、パーソナリティは、この張りつめた緊張感を緩和する習慣的な方式以外の何ものでもないと考えられるのである。

　それに対して、上述した見解は、部分的で、場当り的な適応には適用され得るが、プロプリウム的希求の本質を表現するのには十分でないとする立場がある。そして、かれらは、プロプリウム的希求の特質は、この平衡＝ホメオスタシスに対する抵抗であり、緊張は和らげられるよりもむしろ持続されるものであると主張するのである。

　いずれにしても、プロプリウム的希求は、どのような葛藤に悩まされていても、パーソナリティの統一化に役立つという点で、動機づけの他の形態からは区別されるのである。そしてそれは、決して完全な統一、休止もしくは緊張緩和の統一を目指すものではないのである。このパーソナリティが統合性をもつということは、健全なパーソナリティの重要な証左と考えられる。なぜならば、それは、精神病患者には全くみられないからである。そしてその統合が、プロプリウム的希求によってもたらされることからして、われわれの人格的存在にとって中心だとみられる遠大なゴールをもつことが、人間と動物とを分ち、成人を子どもから区別し、そしてまた多くの場合、健全なパーソナリティと病めるパーソナリティとのちがいを分つ基準となるのである。

（8）知るもの

　知るものとは、認識する自我のことであり、プロプリウムの他の一切の機能を超越し、それらをまとめて視野に収め入れているものである。すなわち、今まで述べてきたプロプリウム的諸機能が、経験的自我に適用されるのに対して、知るものは、先験的（純粋）自我に相当し、経験の連鎖や束の間の過ぎ行く思考等を統一し、私にとって、重要で興味あるものにする自我を意味する。換言すれば、われわれはものを知るだけではなくて、われわれ自身のプロプリウムの経験的特質をそれにふれて知るが、この知るはたらきをするのが、知るものとしての自我である。したがって、それは、個我ないし自我の正しい意味といえるのである。

　さて以上が、プロプリウムの八つの機能である。そしてこれらの機能は、全体としてのパーソナリティを意味するのではなく、むしろ、暖かさや統一性や人間の貫禄等と関係をもつパーソナリティの特殊な側面を意味する。したがって、プロプリウム的諸機能を、「自我機能」ということができる。

　つぎにプロプリウムの諸機能の相互関係であるが、実際のところ、生成のあらゆる段階において、これらの諸機能が融合することによって、ある状態を現出させている。たとえば、パーソナリティにおける成熟の最も重要な特性の一つである「自我洞察」は、知るもの、すなわち、認識する自我と推理機関、同時に、その推理の諸過程では、プロプリウム的希求がみられ、さらに拡大された自我に内在している個我像と諸々の理想とが密接に関係している。このように、あらゆる事例において、諸機能は解きほぐせないよう複雑に絡み合っているのであり、そしてその行動の所在する場が、その人間自身なのである。

したがって、唯一のプロプリウム的機能に注意を集中して、それに生成の過程のすべてないしはほとんどを帰属させることは、誤りであることが了解される。換言すれば、すべての機能が重要なのであり、一つの機能にのみ依存するところの生成の一部面に集中することは、人間のパーソナリティにおける一面的な成長像を描き出すという誤りを犯すことになるのである。

2　健康な成熟した人間

つぎに、上述した人間観を背景にして、健康な成熟した性格について考察することにしよう。

（1）寛容な人

寛容な人とは、「偏見がかった人」（権威主義的パーソナリティ）の対極的概念であり、いかなる人に対しても、つねに友好心を以て当たる人を意味する。そして、オルポートは寛容な人の幼少期における養育方法についてつぎのようにいう。寛容な人はその幼少期において、許容的雰囲気のなかで育てられる場合が多い。かれは歓迎され、認められ、愛され、何をしてもいいのだと感じる。換言すれば、ひどい罪とか、気まぐれとかがなく、いつなんどき頭の上に親たちの雷が落ちるかもしれないという衝動を警戒しなくてもよいのである。したがって、かれの生活の基調は脅威ではなく、安定である。自己意識が発達するにともない、自分の快楽追求傾向と外部状況の要請および良心の発達とを総合することができる。このように、自我は十分に満たされるので、抑圧するとか、他人のせいにして投射を行うことで罪悪感を覚えるとかをしなくてすむのである。そこから、つぎのような性格の基盤が育成される。

① 心情生活における意識層と無意識層との間に鋭い割れ目がないこ

と。
② 両親への態度はよく分化している。換言すれば、かれは両親を全面的に認めているが、また恐れることなく批判する。偏見がかった人と異なり、意識では愛しながら、無意識では憎むということがない。その態度は模範的に公明で愛情的であり、偽善的でない。両親のありのままを認め、その権力を恐れながら暮らすのではない。
③ 心的柔軟性がより大きいことは、二価値論理（「二種の人があるだけです、弱者と強者との」とか「何事をするにも正しい道は一つしかない」等）の拒否にみられる。環境を完全に適切か不適切かと割り切ることがない。灰色の木陰が設けられている。また男女の役割（「女の子は家事に役立つことだけを学ぶべきである」）を明確に区別することに賛成しない。
④ あいまいさに耐えることができ、明確さや構造化を強要しない。「知りません」といって、時が必要な証左を与えるまで待つのを、安全だと感じるのである。
⑤ フラストレーション・トレランスが比較的高いことである。失敗経験の恐れがあっても、パニック状態にまで行くことはない。かれは自分のなかに安定感があるから、葛藤を外在化（投射）する傾向が少ない。具合の悪い時に他人のせいにする必要はない。かれは自失することなく、反省できるのである。

以上が寛容な社会的態度をつくる基礎工事であるといえる。いうまでもなく、この工事の大半は、家庭の躾、両親の賞罰の用い方、家庭生活の微妙な雰囲気から生み出されるのである。

この他に、寛容な人の一般的特徴をあげると、つぎのようになる。
① かれは民族的態度に全然傾注のみあたらない人である。すなわち、

第3節　プロプリウム的人間——G・W・オルポートの場合　161

集団を区分することに関心がないのである。かれにとって、人は人なのである。
② かれはいかなる人に対しても、積極的な尊敬心をもっている。
③ かれは他人の人権が侵害されるのを放っておけないという意味で、闘士である。かれは非寛容なことには我慢できないのである。
④ かれは闘争的であれ、平和主義的であれ、政見は一般にリベラルである。リベラルとは、現状に批判的であって、社会の進歩を求めることである。
⑤ かれは非寛容な人に比べて、一層知的である。一般に教育はかなりの程度までトレランスの水準を上げ、その成果は次代にまで明白に及ぶのである。
⑥ かれは共感能力をもつ。それは、人を看取する能力、社会的知能、社会的感受性等を意味する。この能力に欠ける人はどうしても用心深くなり、未知の人をカテゴリーに入れて一括してしまう。しかも、かれには弁別の明敏な力がないので、ステレオタイプ化に依存することになる。
⑦ かれはあいまいさに対するトレランスがきわめて高い。これは、寛容な人を特徴づける最も重要な指標といえる。しかも、それは、認知作用全様式の反映としてみられるところに意義がある。
⑧ かれは基本的により安定しているので、自分の理想と現実との食い違いをわけなく見分けるゆとりがある。すなわち、かれは自分の能力や短所を十分知っているので、自分に対する自覚や批判に対して、自分の責任を他人に投射しようとする誘惑を抑制することができるのである。その意味で、かれはどちらかというと、「内部志向型」の人間といえる。かれは外部制度的な足がかりよりも、個人的

自律を望むのである。
⑨　かれはまた、ユーモアに才覚をもつ人である。すなわち、かれは自己の内面を客観的に観察できるので、自己に関することについて笑うことのできる余裕がある。それゆえ、かれは自分が他人よりも、大きく優越しているなどと感じることはできないのである。
⑩　すべての生物は自らの本性を完成しようとする傾向がある。その場合、二つの道がある。一つは、排斥、拒否的平衡による安定への道である。当人は狭い島にすがりつき、仲間を限定し、自分を安心させる者を選び、脅かす者を拒むのである。もう一つは、安らぎ、すなわち、自己信頼の道を選択し、自己愛と他人への愛とを両立させて行く方法である。この寛容な方法は、内的葛藤と社会的事象とを、現実的に処理できるという安定感から生じるのである。かれは、世間を基本的に悪で、危険な巣窟だとはみない。

（2）　成熟したパーソナリティ

オルポートによれば、「心理学者はわれわれにパーソナリティの正常、健康、成熟とは何であるかを語ることはできない」としながらも、「この主題についての莫大な文献のいくつかを検討して、われわれは少なくとも西欧文化の価値概念に関する限りにおいてかなり一致した見解を見出した。特に、一致した領域を概括する六つの基準をわれわれは発見した」とし、それらの基準をつぎのように示す。

①**自己意識の拡大**　人間は自分自身の外に、そしてなお、自分の一部として強い興味を発展させることができなければ、生存の人間的水準よりはむしろ動物の水準に近い生活を送っているといえる。したがって、われわれの仕事や研究、家庭、趣味、政治、あるいは宗教的要請等が、その人にとって、意味をもった固有的な存在になっていることが、成熟

したパーソナリティの絶対的な資格要件となる。換言すれば、人間が自己の身体と自己中心性の騒々しい直接性から遠ざかるのに比例して、成熟は進行するのである。

　②**他への暖かい関係をもつこと**　　他者との関係における暖かさは、二つの能力から構成される。すなわち、親密になる能力と共感する能力とである。前者は、自己意識拡大の感覚と自己同一性の感覚とを前提として成立し、また後者は、人間の基本的条件（苦悩、激情、恐れ、失敗等）の理解とすべての人々に対する近親観とから構成される。そして、これらの能力を行使することによって、寛容と民主的性格構造とが育成される。それに対して、その対極に位置するのが、未熟な権威主義的性格である。したがって、かれにとって重要なものは、かれ自身とかれの一族のみであり、それら以外のものは全く問題にならないのである。またかれは、愛情を与えるより以上に、他から愛されたいと希求する。このことは、かれが愛するのは、究極的に、自分自身のためであることを示す重要な証左といえるのである。

　③**情緒的安定——自己受容**　　これは、自分の存在のあらゆる側面（性衝動、内的葛藤、社会との葛藤等）を受け入れることができ、またそれに対して、できるだけ最善を尽すよう努力することができることを意味する。これによって、われわれは自己にうちにある葛藤や対立を自覚することができ、その結果、気持の安定が図られるのである。そして、この自己受容に関連する最も重要なことは、「欲求不満耐性」（frustration tolerance）である。成熟した人はこれに十分耐え、自分を責めるのが適切なときには、自分を責める。またある場合には、時を待ち、障害を回り道して避けることを計画し、もし必要ならば、不可避の運命に身を任せることができるのである。

④**現実的知覚、技能および課題**　成熟した人は自分の世界を客観的にみて、現実をあるがままに受け入れ、決して自分の欲求や空想に適合させるために、現実を歪めることをしない。かれはまた、客観的な課題を解決するために、適当な技能（職業的能力）を利用する。換言すれば、かれは自分の技能を自らの仕事に向けている。かれが仕事に強く関与し、没頭していることであり、それによって、かれは自我関連的な防衛や衝動のすべてを抑制することができるのである。それゆえ、オルポートは「人生に耐える唯一の方法は、完成すべき課題をもつことである」という脳外科医、ハーベイ・カーシングのことばを引用し、それを実存主義の真意であると主張する。

⑤**自己客観視（洞察とユーモア）**　自己客観視とは、自己洞察の高度なことをいい、それができる人は、自分の否定的な特性を他人に投射することがあまりないし、また知能においても、相対的に高いことが実証されている。そして、この自己洞察に最も顕著に関連する精神的要素として、ユーモアの感覚があり、しかも両者の相関はきわめて高いことが指摘されている。オルポートはその具体例として、ソクラテスのパーソナリティについていう。すなわち、伝説によると、アリストファネスの『雲』の上演に際し、ソクラテスは自分の顔をおもしろがっている観客が、自分の顔と自分をからかうためにつくられた仮面とを比較することができるように立ち上った、と伝えられている。かれはよい自己洞察をもっていたので、似顔（仮面）を客観的にみることができ、その結果、立ち上り、観客とともに、自分自身の顔を笑うことによって、おかしさを一層増大させることができたのである。

⑥**人生を統一する人生哲学**　成熟するためには、人生の目標に関する知的な理論が要請される。換言すれば、人生に統一を与える何らかの

形の人生哲学が必要なのである。そしてそれは、指向性と価値指向性とから構成される。前者は人生の方向を決定することであり、その結果、外部に向かって一層関心が集約される。また後者は、その方向を意味づけることであり、そのために統一を与える哲学が要請される。そして人は、これらの過程を通して、人生に自信を以て前進することができるのである。

ところで、欧米において、人間的に優れた人のことを、He is an integral person. とか、He has an integral personalty. と表現するが、これは、integral すなわち、統一されていることが、成熟のための不可欠の要件であることを意味する。その意味で、人生に意味を与える哲学をもつということは、成熟した人間であることを示す重要な証といえるのである。

さて、以上が西欧文化の価値概念にみられる六つの基準であるが、オルポートはこれらの基準について、「児童期から人生の終りに至るまで、六つの方向すべてにおいて、人間の可能性の発達を進めることが、健全な倫理であり、健全な心理学である」ことを強調するのである。

第4節　十分に機能する人間——C・A・ロジャーズの場合

1　セラピーによる人間の変容

　ロジャーズ（1902〜1987）は自己の開発した「クライエント中心療法」によって、クライエントが仮面を脱ぎ捨て、どのような人間に成長して行くのかを考察し、その一般的特徴をつぎのようにいう。

（1）　経験に開かれていること

　先ず、セラピーの過程で、個人は自分の経験にますます開かれてくる

ようになるといえる。それは、防衛とは正反対のことである。心理学の研究によれば、われわれの感覚の感じ取ったものが、われわれの描いている自己像と反するような場合には、その感じ取ったものが歪曲されることが明らかにされている。換言すれば、われわれの感覚が訴えているものを、すべて感じ取るとは限らず、ただ、われわれの描いている自己像に適合するものだけを感じ取るのである。

　さて、セラピーにおける安全な関係のなかで、このような防衛や堅さは取り除かれ、ますます経験に開かれるようになってくる。個人は自分の感情や態度を、それらがまさに自分のなかで有機体としてのレベルで存在しているままに、感じ取るようになってくる。かれはまた現実に対しても、先入観としてもっている類型にとらわれて知覚するのではなく、自分自身の外側に存在するままに自覚するようになる。すなわち、すべての木が緑色であるとは限らないし、男性はだれでもが厳格な父親になるわけでもないし、女性はすべて信じられないともいえないし、また失敗した経験は、必ずしもかれが悪かったから起こったわけでもない等というように考えるのである。かれは新しい事態を、自分が以前から保持している型に当てはめようとして、殊更、歪曲しようとはせずに、ありのままにはっきりとみつめることができるのである。このように、経験に対してますます開かれてくるようになると、新しい人々、新しい事態、新しい問題に対しても、一層現実的に処理し得るようになる。つまり、かれの信念は頑なではなく、どっちつかずの状態のなかでも、じっと我慢できる。換言すれば、そのような事態に対して、無理に結着をつけようとせずに、かなり矛盾した状況を受けとめることができるのである。この瞬間に、自分自身のなかに、そして、その場面のなかに存在しているものに対して、このように、とらわれずに覚知するようになるこ

とは、セラピーを経て成長した人間のあらわれの一つの重要な要素だと考えられる。

（2）　自己の有機体への信頼

成長した人は、ますます自分自身の有機体が信頼し得るものであり、それぞれの場面で最も満足の行く行動を発見するための適切な装置であると考えられるようになる。

このことを具体的に説明するために、何か現実の場面で、ある人が選択しなければならない場合を考えてみよう。「休暇の間、家族のところへ帰ろうかしら、それとも一人で過そうかしら」とか、「今、出される3杯目のカクテルを飲もうかしら」あるいは「私は、果して、この人を生涯の伴侶として愛して行けるだろうか」等。このような状況を考えるとき、セラピーの過程を経てきた人は、本当にどうするだろうか。この人が自分の経験に開かれている程度に応じて、その状況を含むすべての利用し得るデータを摂取し、それらのデータを基盤にして自分の行動を決定するのである。かれはしばしば混乱したり、矛盾している自分自身の感情や行動を十分知っている。かれはかなり厳然とした社会の規則から、友人や家族の希望に至るまで、すべて社会的な要請に対しても、何らとらわれずに、それらを感じ取ることができる。かれは過去の同じような場面の記憶や、それらの場面でのいろいろと異なった行動の結果を取り入れる。かれは眼前にある場面のもつすべての複雑さをかなり正確に認知している。かれは自分の全有機体や意識を十分に機能させて、衝動とか欲求とか要請とか、またそれらのもつ相対的な重要性や強さを比較考量して、それらの間に、平衡を保つようにする。このように複雑な比較考量から、かれは差し当っての要求はもちろん、永続的な要求をも含めて、すべてその状況のなかに含まれている要求を、最も適切に充足

するためには、どの方向に行動すればよいかを発見し得るようになる。

　生活場面での何かの選択をする場合に、すべての構成要因をこのように比較考量したり、それらの平衡を保とうとする場合、かれの有機体は決して失敗しないわけではない。誤った選択が行われるかもしれない。しかし、かれは自分の経験に率直に開かれているので、満足できない結果に、かなり早く気づくことができ、誤った選択を速やかに修正することができるのである。

　われわれの大多数は、このような比較考量を妨げるような欠陥をもっているのであるが、それは、われわれの経験の一部になっていないものを含んでいたり、あるいはわれわれの経験の一部になっているものを除外したりするからであると考えると、さらに理解しやすくなる。そこで、個人は「私はもう一杯飲める」という考えをもつかもしれない。そしてこの際、かれが過去の経験に開かれているならば、このことがほとんど正しくないことに気づくかもしれない。また若い婦人は、かの女の未来の夫のよい性質だけを見ているかもしれない。その場合、かの女が経験に開かれているならば、かれがまた、欠点をもっていることに気づくだろう。

　したがって、一般にクライエントがその経験に開かれているならば、かれは自分の有機体が一層信頼に値すると考えるようになる。かれは自分の示す情緒的反応を恐ろしく感じなくなる。かれは有機体としてのレベルで、自分のなかに存在している複雑にして豊富な変化に富むいろいろな感情や傾向をますます信頼するようになり、それらに愛着を覚えるまでになる。その場合、意識はほとんど陽の目を見ることもないような、危険で予測もできない多くの衝動に対する見張り役になるのではなく、衝動や感情や思考の世界に安住するようになり、それとともに、これら

の衝動や感情や思考は、それらが恐ろしく見守られないならば、全く十分に自制するものであると気づくようになる。

（３） 評価の源泉が自分自身にあること

人間がこのように成長して行く過程のなかで、はっきりとあらわれるもう一つの傾向は、選択とか決定とか価値判断の根源とか、位置づけに関係するものである。個人はこのような評価が自分自身の内部に位置づけられるということをますます感じるようになる。かれは承認とか非承認とか、自分が生きて行く基準とか、決定とか選択に当たって、他人に注意を向けなくなる。選択は自分自身のなかに基礎をおいていることを認めている。ここで問題になるのは、「私は心から満足できるような、また自分を表明するような生き方をしているだろうか」ということだけであることに気づくようになることである。これが、創造的人間にとって、まさに最も重要な問題であろうと考えるのである。

（４） プロセスであることに対する満足

最後の特徴は、その人があるまとまった結果になろうとするよりも、あるプロセスを辿っていることに、より一層満足するようになるということである。クライエントが治療関係に入って行くときに、かれは何か一定の状態に到達することを希望する。すなわち、自分の問題が解決されるとか、自分の仕事をうまくやれるとか、また満足な結婚生活を送るようになるとか、というような状態になることを希望する。クライエントは治療関係のもつ自由のなかで、このような固定した目標を捨ててしまい、自分が固定した存在ではなくて、生成へのプロセスを辿っているのだということを、ますます満足して理解し、受容するようになる。

あるクライエントはセラピーの終結に当たって、かなり混乱した様子で、つぎのように発言している。「私は自分自身で統合するとか、再組

織するとかいう仕事を終ってはいない。それどころか、全く混乱しているのです。しかし、私は落胆していません。というのは、このような仕事は継続したプロセスであるということが、はっきりわかっているので——自分がどこにいるのかということは、必ずしも、はっきりと意識して、わかっていないけれども、今どこへ行こうとしているかが、はっきりとわかっているということは、すばらしいことであり、ときには、びっくりすることもあります。しかも、自分自身が動いているということを感じて、深く勇気づけられるのです」と。この発言のなかに有機体への信頼が表現されており、また自分をプロセスとして理解しているのが了解される。自分自身が何か完成された結果ではなく、生成の流れとして自分を受け容れようとするこの人の姿が、ここに表現されている。つまり、人間は絶えず流れ行くプロセスであり、決して固定した静的な実在ではない。人間は絶えず変化し続ける川の流れのようなものであり、堅固な物体のかたまりのようなものではなく、一定量の特性をもったものでもなく、絶えず変化し続ける可能性の布置といったものである。

　この同じような流動性や実存的な生活についてのもう一つの発言がある。「これらの経験過程、ならびに私がこのようにして、その経験のなかで、さらに発見してきた意味によって、私はすばらしいと同時に、少し恐ろしく感じるプロセスを辿りはじめたのです。その経験が現在意識しているものを何とか理解しようとするときに、私の経験が前進する方向に、ごくかすかにしか明確ではないが、目標に向かって、私を推し進めて行くように思われる。絶えず変化し続ける複雑さを理解することができないだろうかと期待しながら、複雑な経験の流れに沿って漂っている感じである」と。

2　十分に機能している人間の特徴

　ロジャーズはセラピーの結果、生まれてくる人間の理論的モデルを、つぎのように要約する。

(1)　それは、有機体のもつすべての潜在能力を自由に充実して働かしている人間である。

(2)　それは、現実的で、自己を高め、社会的であり、適切な行動をとるので、信頼のできる人である。

(3)　それは、創造的な人間なので、行動の特定の形態を予測することが困難である。

(4)　それは、絶えず変化し、絶えず発展し、継続している時間の瞬間ごとに、つねに真の自分と、自分のなかにある新しさを発見しているような人間である。

(5)　それは、治療経験のなかで、安全さと自由さを経験することから、不完全ではあるが、実際に生まれてくる人間である。

　先に、セラピーによる人間の変容状態について考察したが、ロジャーズはクライエント中心療法を理論的に考えて最大限に経験して生まれてくる人間を、「十分に機能している人間」(the fully functioning person) としてとらえ、その特徴をつぎのようにいう。

(1)　かれは、あらゆる感情や反応の一つひとつを十分に生きることができる。そのため、かれは、できるだけ正確に内・外の実存的状況を感じとるために、かれのあらゆる能力を使うのである。

(2)　かれは、神経組織が提供するあらゆるデータを利用し、それらを意識化しているが、かれの全有機体がかれの意識よりも、賢明であるかもしれないし、実際に賢明であることを認識している。

(3)　かれは、有機体のもつすべての複雑な機能を動員していろいろな

可能性のなかから、この瞬間において最も一般的にかつ心から満足の行くような行動を選択することができるのである。

(4) かれは、有機体のこのような機能を信頼することができるが、その理由は誤りがないからではなくて、かれは自分のすべての反応の結果に十分開かれているので、もし、それらが満足のいかないものであることがわかるならば、直ちに訂正することができるからである。

(5) かれは、すべての感情を経験することができるが、どのような感情をも恐れてはいない。

(6) かれは、かれ自身が証拠のふるいわけをするが、しかしあらゆるところからくる証拠に開かれている。

(7) かれは、自分自身であり、自分自身になろうとするプロセスに完全に没頭しており、かくして、自分が健全でかつ現実的な意味で、社会的であることを発見する。

(8) かれは、この瞬間に十分生きているが、こうした生き方がいつまでも、最も健全な生き方であることを学びとっている。

(9) かれは、十分に機能している有機体であり、かれの経験を自由に反映する意識によって自由に機能している人間になるのである。

第5節　あるがままの人間——森田正馬の場合

1　人間観

　デカルト（1596〜1650）以来、こころとからだは全く別の次元に所属する存在であるとする、いわゆる心身二元論が主流を占め、広く世間に普及してきた。今世紀に入り、精神分析学や精神身体医学の発展はそれ

が誤りであることを実証した。その結果、現在では二元論に代わり、心身一元論の立場が一般に受容されるようになった。

このような事態のなかで、森田正馬は当初から心身一元論の立場を鮮明に打ち出し、それをつぎのようにいう。「柱にぶつかる我身は物である。其物と物との間に、ガーンが出来る。このガーンを心とすれば、ぶつかる処に心あり、ぶつからざる処に心は解消する。……物とは静止の仮想物であり、心とは其物の変化活動である。之を物心同一の一元論とした方が・よいかも知れぬ」と。このように、柱と我身が並立しているときは何も生じないが、両者が衝突したとき、そこに「ガーン」という音とともに、「痛い」という気持が生じる。この場合、柱と衝突する以前の我身は静止の仮想物であるが、それが柱と衝突する、すなわち、変化活動することによって、そこに心が出現する。したがって、物（身体）と心とは、本来同一の存在であるといえるのである。

このようにみてくると、心というものはつねに我身という物を前提にして、外界との相互作用の結果成立する事象であることが了解される。これについて、森田はいう。「精神とは、我と外界との関係により起る・絶えざる流動変化の現象である」と。また、かれは我身である物を静止の仮想物ととらえ、其物の変化活動の状態である心こそ真の実在であるとすることから、かれの立場は唯心論であることが了解されるのである。

つぎに、心身一元論に立つ人間は一体何を根源的な行動基準にして活動するのであろうか。それについて、森田はいう。「吾人はもと快を追い、不快を避けむとする本能あり。而かもその快は吾人の生存発達に有利なるものにして、不快は有害なるものなり。若し之に反するときは吾人は適者生存の理に反し、益々不適者として退化堕落して死滅すべし。これ生物界現象の教える所にして根本的の原理なり」と。このように、人間

の根本的な行動原理は快を追求し、不快を忌避することであり、しかもそれは、本能としてわれわれの心の中にインプットされている。そして、快とは、われわれの進化・発展に役立つものであり、不快とは、逆にそれを抑制・阻止するものである。したがって、快を追求すればするほど、益々われわれは適者生存し、繁栄することができるが、そうしなければ、われわれは衰退し、やがて死滅することになるのである。

　それでは、快・不快はどのようにして得られるのであろうか。森田によれば、「総ての身体の機関という機関は、その機能の強盛に営まれるときに快となり、その機能の衰弱沈滞するとき不快となる」ことから、「吾人の機能は之を適度に活用することによりて快を得、心も身体も之を用うることを抑制さるれば甚しく倦厭不快を感じ、所謂退屈となる」といえるのである。このように、快を得るためには、心身の機能を適度に活用することが要請されるのである。確かに、心身の機能を適度に活用することは人間としての本来的機能を十全に実現することになり、ひいては「自己実現」の成就を招来させることになるので、それはきわめて快適な行為といえよう。しかも、人間としての機能が十全に発揮されるということは、また人間が自己の生存にとって環境を有利に改造して行くことにもなるので、適者生存の可能性を益々増大させることになる。

　このようにみてくると、心身の機能を活性化するためには、つねに外界との交流を適度に行い、閉鎖的にならないよう配慮することが肝要となろう。そうしないと、心身は錆びついてしまい、益々柔軟性を欠きひいては使いものにならなくなる。これについて、森田はいう。「凡そ精神の働きは、単に自分自身にのみ閉じ込もり・屈託している時に常に鈍感となり、外界と自分との間に、恰も昆虫の触角が微動するように、交互に絶えず注意が活動している時に、初めて最も鋭敏になるものであ

る」と。

　つぎに、心身の機能を積極的に活用して行くためには、何のために活用するのか、という具体的な目標が設定されなければならない。そして、森田はその目標を、「生の欲望」と規定する。

　生の欲望とは、端的にいえば、われわれが人間として生存して行くために不可欠な生得的・獲得的な欲望のすべてをいうが、これについて、森田は次のようにいう。「吾人は自動車が欲しい、美人が獲たい、之は欲望ではあるが、寧ろ想像的なものであって、純なるものではない。社会的の種々の境遇に触れて、初めて起こるものである。此欲望も決して之を否定することの出来ない人情の事実である。……此欲望があってこそ文化が発展する。其欲望にのみ駆られた時には、悖徳行為となり反社会的となる。只欲望と努力との調節によってのみ、社会なり個人なりの調和が得られるのである。然るに今、吾人の心に自然に発動する純なる欲望というものは、文化生活に於ける種々の誘惑の間に立ち、或は従って矛盾、錯覚の多い思想によっては中々容易に之を認めることが出来ない。即ち社会からの隔離された孤独の境遇に身を置いて見た時、初めて自分自身から自然に発動して来る欲望というものが分る。それは、生の力である。それは恰も宝石が光に遇うて、其麗光を放ち、春にあって草木が其生の力を発揮するようなものである」と。

　このように、欲望には、社会・文化によって触発され、後天的に形成される「想像的欲望」と、人間が本来もつ内的原動力から生じる「純なる欲望」とがある。前者は文化の形成に寄与する側面があるので、これを全面的に否定すべきではないが、この欲望のみに耽溺するとき、われわれの身を破滅に導く危険性がある。それに対して、後者は生得的にわれわれのうちにインプットされ、われわれを根源的に揺り動かす生命の

力である。したがって、それは必然的にわれわれ自身を向上・発展・進化へと導く欲望といえる。そして、森田はこの純なる欲望の代表として、つぎのものを指摘する。「生物に於ける自己保存欲、生殖欲、種族保存欲と名づくるものは、皆此生の欲望である。之を客観的にいい表わす時には、衝動とか行動とか活動とかいう語になってくる」と。ここで指摘された欲望は、また三大衝動ともいわれているが、これが生の欲望を意味するとすれば、それは人間の本質を実現して行こうとするポジティブな衝動といえる。したがって、その充足は必然的に人間の成長・成熟を招来させ、われわれに深い生の充実感を与えることになる。これについて、森田はいう。「此三欲が生理的で、調和を保ち、中庸を得る時に、初めて其人の人生を完うすることが出来、生物進化という自然の道行きにかなうことができるのである」と。

このようにみてくると、人間は、生の欲望を充足させるという目標のために、われわれの心身の機能を積極的に活用するのであり、その結果、快適な事態を十分に堪能し得ることが了解されるのである。そして、このことはまた逆に、快的な体験をしたいがために、心身の機能を十全に活用し、生の欲望の実現に専念することになるとも考えられる。したがって、快適な体験・心身の機能の活性化・生の欲望の実現、という三つの事象はきわめて密接な有機的関係の下にあるといえるのである。

2　健康観
(1)　人生の目的

健康という概念は価値的・当為的概念であり、しかも生きるという事象を根源的に規定することからして、それは人生観や人間の在り方といった実存的・倫理的な事象とは密接な関係にある概念といえる。

さて、森田によれば、正しい人生観とはつぎのように定義される。「正しき人生観というものは、各人勝手我儘のものではない。必ず万人に共通であり、人の行為の模範であり、人生向上の指導であらねばならない。之に対する要件は、先ず小我を離れ、自己の気質を没却した底のもので、所謂大我の境涯に立ってのことでなければならない」と。ここで、正しき人生観が必ず万人に共通である、という点に留意する必要がある。この万人に共通ということは、正しき人生観はつねに人間の本質や本性に立脚したものでなくてはならないことを意味する。そうでなければ、人間相互の了解や同意が成立し得ないからである。

そして、正しき人生観が人間の本質や本性を基盤にする以上、そこにはつねに普遍性や客観性が要請されることからして、それは個人的利害や打算を超越したものでなくてはならない。森田はそれを禅語を用いて「小我」を離れて、「大我」に立つと表現するが、正しい人生観には、自己自身や世界をつねに大局的立場から考察・検討することが不可欠とされるのである。これについて、森田は続けていう。「斯くなるには、常に人生を観察批判するに当り、我も宇宙の生物であり、社会における一個人であるとして、自己と外界との関係を客観的に観なければならない。すなわち、我から観た他と他から観た我とが、第三者から観て共通の観方でなければならない。然らざれば、人間共通の真理ではなくて、我一人の好き嫌いから起る身勝手の都合である」と。このように、第三者から観て共通の観方が成立するためには、小我を没却・超越し、つねに大我の心境に立って、すべてを観察しなければならない。そうしてこそ、真に正しい人生観を体得することができるのである。

ところで、このような正しき人生観を日常生活のなかで実践して行くためには、人生の目的という具体的な目標が設定されなければならな

い。これについて、森田は人生の目的を知るための最良の手段は決して思弁や観念のうちには存在しないことを強調して、つぎのようにいう。「それは、実に生物以来人間の間に行なわれてる処の現象・事実と、其生滅の過程を如実に観察批判することにある」と。このように、人生の目的は生物の生成・消滅の過程を深く洞察することによって自ら把握されるのであり、決して人間の分別や作為から得られるのではないのである。そして、森田はこのような過程を通して把握された人生の目的をつぎのようにいう。「吾人の考察し得る人生の目的は、実に永遠無窮の進化発展であって、其目的に達する方法手段は、実に生物皆々其分に応じて、心身共に念々刻々其最善の活動と営々の努力とにあるようである。蓋しこれ生物界及び人間における現象の事実であることと思われるのである」と。このように、森田は人生の目的を永遠無窮の進化発展である、ととらえ、その目的達成の手段として、活動と努力とを指摘するが、以下において、これらの概念について考察することにしよう。

（２）　健康の概念

上述したように、森田は人生の目的を、生物の生滅を通しての進化・発展という大自然のメカニズムにその始原を求めているが、これは現実に生起する事象を前提にしたプラクティカルな目的観といえる。森田はこのような自己の立場を、「実際主義」と呼ぶ。上述した正しき人生観は万人に共通である、という見解も、事実に対する深い洞察を通してはじめて成立し得るのであり、決して人間の恣意的な思弁や作為から生じるのではない。そして、大自然のメカニズムに則した在り方こそ、人生の目的であるとする見解は、道家の「道」という概念を彷彿させるといえる。

つぎに、人生の目的に到達するための手段である、活動と努力につい

第5節 あるがままの人間——森田正馬の場合

てみることにしよう。

森田によれば、「生活とは、生きたる活動である。活動のある処に、ここに初めて生命がある」ことからして、活動とは、生命を規定する根源的要因であり、生命そのものといえる。したがって、生命は活動を通して生成発展し、究極的には、その本質を実現することによって、人生の目的を成就することができる。その意味で、活動の人生に対する意義は大きい。

そして、森田は活動を生成の基盤とする生命を、身体と精神とに分けて、つぎのようにいう。「活動を離れて単に静的の形態として仮想するときに之が身体であり、其の身体の機能、すなわち活動の現象がそのまま精神である。されば、心身とは、動的と静的とに観た同一現象の両方面である。別々に存在すべきものではない。之を心身の同一論というのである」と。このように、森田はデカルトとは異なり、活動を静的側面と動的側面とに分け、前者が身体であり、後者が精神とする心身一元論の立場をとるが、日本におけるこの時期の立場としては特異な存在といえよう。

つぎに、努力であるが、森田はそれを無生物と生物との場合に分け、前者については、それを、「物質本性の発揮活動である」と定義し、また後者については、つぎのようにいう。「生物は皆自己保存発達のために、快を求め、不快を避けようとして、各々その機能を発揮している。之が努力である」と。しかしながら、いずれの場合においても、その本性や機能を十全に実現して行くことには変わりがないので、両者の定義を統括して、「努力とは、物質であれ、生物であれ、各々其ものの本性、機能の保持ないし発揮に外ならない」といえるのである。

ところで、この努力に対する定義はまた、森田にとっては同時に、健

康の定義を意味する。これについて、かれはいう。「健康とは、外界の刺激に対し、各器官各機能の相互に調和して、心身の全能力を発揮する処にある。而してその力の強大に且つ持続性のあるものが益々健康である」と。このように、健康とは、われわれに賦与されたあらゆる人間的能力や機能が相互に調和を保ちながら、十全に実現されることを意味するが、これは上述した努力の定義と一致する。また、心身の全能力や機能を外界に対して十全に発揮することは、われわれが外界に対して十分に適応でき得ることを意味する。したがって、健康とはまた、つぎのように定義される。すなわち、「健康とは、生存・向上に対する適応性の優良なるものである」と。あるいは、「健康とは、身体の発育構造が安全であり、外界の刺激に対して充分なる適応性を有し、一定の生命保持と種族播殖の力を有するものである」と。

このようにみてくると、森田のいう健康は、まず大自然のルールに則した人類の進化発展という人生の目的が定立され、その目的を成就することのうちに成立し得る概念であることが了解されるのである。

さて、以上が健康についての一般的な意味であるが、つぎに、それをさらに具体的に考察することにしよう。

上述したように、健康は充分な適応性を有することからして、それは常に流動・変化性のもので、決して固定的・模型的のものではないことが了解される。したがって、健康はつねに柔軟な心で周囲の状況に適切に対応でき得ることである。森田はそれを具体的につぎのようにいう。「身体的には、風雨・寒暑・粗食・過労・災害・疾病等に対して、抵抗力の強いが如く、精神的には、貧乏・家庭の不和・境遇の不良・周囲の誘惑・時代の悪化等にも、抵抗力が強くて、身をあやまり・堕落するようなことがなく、大なる適応性を以て、境遇に順応し、運命を切り開い

第5節　あるがままの人間——森田正馬の場合

て、立身出世するようなものである。古今の英雄・豪傑・偉人・天才で、エジソンやフォードや・野口英世・後藤新平は皆それである」と。このように、いかなる逆境に対しても、それに屈服することなく、つねにそれを打破して行くための強い抵抗力をもつことが、心身の健康の基盤となるのである。

　ところで上述したように、森田は一見、英雄・豪傑・偉人・天才のみを健康の代表者としているようであるが、それはかれの真意ではない。それについて、森田はいう。「健康なる心身の人間とは、或は力・山を抜く身体や気は世を掩う神経や、或は大食漢や、目から鼻に抜ける人やではなく、只の凡人を以て、其模型・標本としたいのである。余は之を多年、潜かに自ら名づけて、凡人主義といっていた」と。確かに、心身の健康な人間を、英雄・豪傑・偉人・天才のみに限定したら、それはすべての人間には全く縁のない、絵に描いた餅にすぎない無意味な存在となる。やはり、健康な人間とは、誰もが実際に到達可能なものでなくては意味がないのである。

　それでは、森田のいう凡人とは何か、それについて、かれはいう。「凡人とは何ぞ。一口にいえば、それは智情意の円満な人である。例えば、立派な御馳走を見る。沢山にたべたい。之が感情である。いや、之はぜい沢である。現在少し腹が悪いから、たべ過ぎてはいけない・とか判断するのは、理智である。其感情を抑え、理智に従うのが意志である。この三方面の精神がよく調和し周囲と適応するのが、常人即ち凡人である。欲するままに、飽食痛飲するのは、感情に支配される人である。酒は害があるとかいって、一杯も口にしないのは、かたくなで、融通もきかない。人は意志が強過ぎても、亦多すぎてもいけない」と。このように、凡人とは、人間の精神力である智・情・意が調和して作用し、周囲

の課題を適切に処理でき得る人であり、必ずしも英雄・豪傑等を意味するのではない。そして、森田はこの智・情・意の調和のとれた状態を、正三角形の三辺にたとえ、小さい正三角形は温良な低能者、中位の正三角形は常人、大きい正三角形は偉人であるとし、それぞれの在り方について、つぎのようにいう。「尚ほ人は、心身虚弱又は強健に生まれても、天授の素質は何とも致方がないから、之を小は小、大は大の等辺三角形的に修養するのが、余の所謂・凡人主義を意味するのである」と。実際のところ、生得的な素質には致し方がないので、各人はそれぞれ自らに賦与された能力の範囲において、等辺三角形を形成すればよいのであり、等辺三角形の大・小には何ら価値的な区別はないのである。ここで、大切なことは、あくまでも等辺ということであり、智・情・意のバランスなのである。

　このような凡人主義の立場に立つと、英雄・豪傑とか天才はむしろ凡人にとっては、異質の存在とならざるを得ない。これについて、森田はいう。「之に反して、〝虎は死して皮を止め、人は死して名を残す〟とか、〝青雲の志〟とか、〝一将功成って、万骨枯る〟とかいうような権勢欲や・虚栄の野心を以て成功するのが、所謂天才とか、英雄豪傑とか称するものである」と。したがって、天才・英雄・豪傑等がもつ強力な権勢欲や虚栄の野心は必然的に智・情・意のバランスを崩壊に導くことになるので、かれらは真の意味で心身の健康な人間とはいえないのである。これについて、森田はさらにいう。「天才とは、精神の円満を欠き、一方に偏した変質・奇型の人物で、甚だしき不等辺三角形の状態にある」と。また、「中天才・大天才の内で、或詩人・芸術家等で有名になった人が悪徳・詐偽・不品行変態思想で、全く度外れのものもある。皆智情意の円満を欠くものである」と。

このようにみてくると、天才や英雄・豪傑は、智・情・意のある側面を過度に活用することによって、偉大な発明・発見や優れた政治的・経済的・文化的遺産を後世に残してはくれるものの、精神的には、智・情・意の円満を欠くので、健康な人間とはいえないことが了解される。森田にとって、精神の健康は偉大な発明・発見や歴史的な大事業とは関係なく、つねに智・情・意のバランスを保つことにあるといえるのである。

3　倫理（道徳）観
（1）　道徳性の基盤

　道徳性の基盤を考察するとき、人はそれを種々の立場（観点）から論究し、その結果、多くの主義・主張が展開されてきた。それらの立場を大雑把にいうと、知性に求める主知主義の立場、心情に求める主情主義の立場、意志に求める主意主義の立場、社会・文化に求める立場、自然に求める立場、超自然的なものに求める立場、等が存在する。それぞれの立場には、一長一短があり、したがって、どれが絶対的であるとは一概にいえず、相互に並行しているのが実情といえる。

　このような事態のなかで、森田は道徳性の基盤を自然の感情に求め、それをつぎのようにいう。「然るに人は、幼者は幼者・若い人は若い人で、各々其〝好かれたい・憎まれたくない〟という自然の感情のままに率直に従ってヒネクレる事さえしなければ、自然に人は、善をなし・悪をしないように導かれるものである」と。このように、森田にとって、道徳における最も基本的概念である善・悪の判断・行為は、人が自然の感情に素直にしたがうことによって達成されるのである。このことは、道徳性の基盤が、まさに自然の感情のうちにあることを意味する。そして、この自然の感情について、森田はさらにいう。「自分で無智の行動をし

たと、気がついた時、独り潜かに、心細く思う。又心に卑劣な事を考え、或は潜かに、悪徳をたくらみ・不善をしようとする時は、自我向上・優越欲を毀損する事を思って、独り自ら恥ずるものである。之が吾人の自然の純情である」と。このように、自然の感情とは、いわば社会化された向上心といえるのである。

　そして、この自然の感情が道徳性の基盤、すなわち道徳的判断・心情・行為等の究極的な基準であるということは、それがまた同時に、良心を構成することをも意味する。これについて、森田はいう。「人には、他人に応待する時に〝会釈笑い〟という微妙な反応がある。之は人の本能であって、人から憎まれるを厭い・愛されるを悦ぶ心から起る反応である。人は、〝かくすれば、人が自分を排斥するのではないか。しかすれば、人は自分を敬愛するであろう〟と感じ・考え・取越苦労する心を〝良心〟と名付けている。之は人間の本然の感情である」と。このように、良心とは、どうしたら自分が他人に受容され・愛され・尊ばれるかを思念する感情である。これを裏からみるならば、それは、自分自身を向上・発展させたいという、生の欲望に起因する感情といえる。したがって、それが充足されたとき、われわれは心中に深い満足感を享受することができる。これについて、森田はいう。「人には、向上欲・優越欲がある。自分が人に優れ・尊ばれ・愛されると思うときに、自ら誇りと満足を感じる。自信がなく、自欺の虚勢を張って、人に誇らんとする時に、自ら心に疚しさを覚える」と。このように、自ら偽ってまでして、他人から愛され・尊ばれたいと思うとき、人は自らの心中に疚しさを痛感する。この疚しさの感情こそが良心の証なのである。換言すれば、森田のいう良心とは、他人によってよく評価されるよう、われわれの言動をつねにコントロールする感情といえよう。

このようにみてくると、われわれが本来持つ自然の感情に基づいて行為するとき、その行為は道徳的にみて妥当な行為になることが了解される。換言すれば、森田は、われわれが自然の感情に素直にしたがってさえいれば、われわれは道徳的に優れた人間になり得ることを教示するのである。

（2）　人間の在り方

　われわれは先に自然の感情に素直にしたがう行為こそが、道徳的に正しい行為（善なる行為）であることを確認した。したがって、その行為をつねに実践する人が善人ということになる。これについて、森田はいう。「人は十人集まれば、そこに必ず一番から十番まで、力の差別が出来る。かれらは各其自分自身を自覚し、其分を守り、自然の人情に帰れば、自から善人となり、誤りたる理屈に捉わるならば、非善人になる」と。ここで、森田は善人の条件として、自分自身の自覚、其分を守ること、自然の人情に帰ること、の三点を指摘している。以下、これらについてみることにしよう。

　森田によれば、自覚とは、「自分自身を正しく明らかに見通すことのできるのを自覚と名づけ」とあるように、自分自身の姿を謙虚にみつめ、素直に受容する事である。したがって、それは、「自欺」、すなわち、「我と我心を取りつくろい、自分の都合のよいように考える」こととは対極の概念であり、自欺は、いわば自分自身を偏見に基づいてみることといえる。また、分を守るということは、十人集まれば、そこに必ず一番から十番まで力の区別ができる、とあるように、それぞれの人間がもつ心身の能力に相応しい役割を担うことである。さらに、自然の人情に還るとは、道徳性の基盤である人間本来の純情にしたがって行動することである。そして、これらの条件を具備した人間が善人といえるのであ

る。反対に、これらの条件を具備せずに、専ら誤りたる理屈、すなわち、屁理屈に基づいて行動する人間が非善人である。なお、屁理屈とは、「机上論で、一寸と尤もらしく思われて、而も実際に行われないことをいう」が、これはいうまでもなく、自欺から生じた言動といえる。この非善人は、また同時に、卑しむべき人でもあるが、この卑しむべき人がどうしてできるかについて、森田はつぎのようにいう。「人間は如何にして、世に卑しむべき人となるのであろうか。それは人が、〝純なる心〟・〝自然の人情〟から発露する行為でなくて、誤りたる屁理屈に捉われて、次第に理論の脱線を重ね・不人情となり行くからである」と。このようにみてくると、善人はつねに、〝純なる心〟・〝自然の人情〟に基づいて行為する人である事が了解されるのである。

ところで、われわれの心は本来〝純なる心〟であるが、自欺や屁理屈等によって、本来的でない〝はからいの心〟が生じることもまた事実である。これについて、森田はいう。「人生に苦痛は当然苦痛であり、煩悶は其まま煩悶である。〝花は紅・柳は緑〟である。〝あるがまま〟の姿である。之を自分勝手の都合で、様々に思いかえようとする〝ハカラヒの心〟が迷妄となり、強迫観念となるのである」と。このように、はからいの心は自分の都合のよいように作為された心であり、そのため、自分の欠点・弱点・短所等を隠蔽し、自分を美化しようとする作用がある。これは、自分の真の姿を反映していないことから、はからいの心をもつ人を、誠の人とはいい難い。これについて、森田はいう。「〝自分は誠実である。忠実・正直・親切・忍耐・従順である〟という風の自画自賛は、皆つねに必ず其反対の結果になるのである。ソクラテスは、自ら淫乱であると告白し、エピクテトスは、〝善人たらんとするものは、先ず自ら悪人たることを自覚せよ〟といい、親鸞上人は、〝自分は悪人であり・

第5節 あるがままの人間——森田正馬の場合

罪人である。人を裁く力はない〟といった。斯様な人が誠の人であるのである」と。このように、はからいの心を捨て、純なる心から生じる欲望を素直に肯定し、自覚することのできる人が誠の人なのである。

この純なる心から生じる欲望は、人間の本質から涌出するきわめて自己実現的な欲望である。しかしながら、従来一般に、倫理や道徳というと、理知によって、この純なる感情・欲望・衝動等を抑制したり、抑圧したりすることであると考えられていた。しかし、これはきわめて非人道的であり、肯定し難い見解といえる。これについて、森田はいう。「道徳学者や修道者の理想主義は、欲しい物を欲しいと思わず、苦しいことを苦しいと・しないようにしたい・ということであって、之は常に難事というばかりでなく、実は不可能である」と。したがって、自然の人情から発する欲望の阻止は、われわれの自己実現を不可能にするだけではなく、われわれの精神にも好ましからぬ結果を招来させる。これについて、森田はいう。「其欲しいのを欲しいと思わないようにしようと努力するのが、所謂強迫観念であって、徒に我と我心の苦悩を重ねるばかりである」と。このように、強迫観念というものは純なる欲望の抑制・抑圧・無視等によって生じるのであり、しかもここに、人間の生き方・在り方との神経症との関係が具体的に示されるのである。すなわち、われわれのもつ倫理（道徳）観が神経症の発生にとってきわめて重要な鍵となることが実証されるのである。その意味で、人間の本質に立脚した人間に相応しい倫理（道徳）観の確立が要請されるのである。

純なる欲望は生命の根源から涌出し、われわれ人間の成長・成熟を可能にする原動力である。換言すれば、それは、われわれの自己実現を成就するための不可欠の要因である。

したがって、純なる欲望の阻止は、必然的に、われわれの心身に異常

を招来させる。それは、人間の本質が否定されることに対して、われわれの心身が示す拒否反応ともいえる。それゆえ、純なる欲望の阻止は人間にとって決して望ましいことではない。

　このようにみてくると、純なる欲望をつねに充足させることが人間にとって最も相応しい生き方・在り方であることが了解されるのである。

おわりに

　昨今、心理学（の成果）が各方面・分野でもてはやされ、歓迎されていることは結構なことである。しかしながら、その中身を見ると、他人を嘲笑したり・蹴落としたり・騙したり・罠に掛けたりするような、いわゆる利己的・排他的な事象に悪用されている感が強いように思われる。まさに、心理学本来の目的に背反していることはいうまでもない。

　近年、日本人の劣化ということが指摘され、各方面・分野で重大な問題を引き起こしている。これも、大局的にみれば、教育や学問の悪用にその根元があるといっても過言ではない。すなわち、人間の劣化現象というものは、すべての教育や学問が私利私欲のために悪用されている証しなのである。

　そこで、まず教育や学問本来の目的を自覚させ、その実現を図ることが肝要である。心理学についていえば、人間の心の動きを正確に認識し、それを自己実現のために活用することである。自己実現といっても、各人が好き勝手なことをする利己的自己実現ではなく、社会や自然のために自己の能力を活用する社会的・利他的自己実現でなくてはならない。そうすることによって、人間は人生における是認感・充実感を感得することができるといえよう。

引用・参考文献

G.W. Allport：*Becoming*, Yale University Press, New Haven. 1955 ― 豊沢登訳『人間の形成』 理想社

G.W. Allport：*Pattern and Growth in Personality*, Holt, Rinehart and Winston, 1961 ― 今田恵監訳『人格心理学』 誠信書房

久米稔『キャッテルの理論』(『現代心理学のエッセンス』) ぺりかん社、1971

宮城音弥『性格』岩波書店、1955

E. Kretschmer：*Medizinische Psychologie*, Georg Thieme Verlag, 1950 ― 西丸四方・高橋義夫訳『医学的心理学』みすず書房

E. Fromm：The Sane Society, Routledge, 1956 ― 加藤正明・佐藤隆夫訳『正気の社会』社会思想研究会

M. Mead：*Sex and Temperament in Three Primitive Societies*, William Morrow and Company Inc., 1935

A. Adler：*What Life Should Mean to You*, Harper & Row, 1932 ― 高尾利数訳『人生の意味の心理学』春秋社

E. Fromm：*The Revolution of Hope*, Harper & Row, 1968

E. Fromm：*Man for Himself*, 1949

「こころの科学1」〈特別企画＝神経症〉日本評論社、1985

「こころの科学10」〈特別企画＝精神分裂病〉日本評論社、1986

「こころの科学15」〈特別企画＝心身症〉日本評論社、1987

「こころの科学20」〈特別企画＝性格〉日本評論社、1988

「こころの科学40」〈特別企画＝不安〉日本評論社、1991

「こころの科学68」〈特別企画＝躁うつ病〉日本評論社、1996

森田正馬全集（全七巻）白揚社、1976

小川芳男『健康と在り方の心理学』北樹出版、2001

宮城音弥『新・心理学入門』岩波書店、1997年

辰野千寿『心理学』医学書院、1995年

詫摩武俊編『心理学』新曜社、1997年

澤田慶輔・古畑和孝編『人間科学としての心理学』サイエンス社、1993

浅井邦二『図説心理学入門』実務教育出版、1985

関口茂久・岡市広成編『行動科学としての心理学』ブレーン社、1987

本田時雄『心理学』福村出版、1974

辰野千寿編『教育心理学』山文社、1992

E. Fromm：*Man for Himself*, Routledge & Kegan Paul, Ltd. 1949. 谷口隆之介・早坂泰次郎訳『人間における自由』創元社

小林司編『カウンセリング事典』新曜社、1993

高野清純監修『事例発達臨床心理学事典』福村出版、1994

『こころの科学121』〈特別企画＝認知行動療法〉日本評論社、2005

齋藤勇編『人間関係の心理学』誠信書房、2007

『日本森田療法学会雑誌』Vol.20 No.1　日本森田療法学会、2009

著者紹介

小川　芳男（おがわ　よしお）

東京教育大学（現・筑波大学）文学部哲学科卒業、同大学心理学科研究生、東京教育大学大学院文学研究科倫理学専攻博士課程修了
防衛医科大学校教授・学生相談室長・図書館長を経て、現在、防衛医科大学校名誉教授、横浜薬科大学・第一工業大学・八洲学園大学非常勤講師
著書：『倫理学』（共著）北樹出版、『倫理心理学』北樹出版、『フロムの宗教心理学』北樹出版、『倫理思想』（共著）自由書房、『現代心理学の理論的展開』（共著）川島書店、『最高人格への道』（共著）川島書店、『人間の本質と自己実現』（共著）川島書店、『健康と在り方の心理学』北樹出版、『医療倫理学』北樹出版、『医療心理学』北樹出版、　他

心理学概論

2012年4月10日　初版第1刷発行

著　者　小　川　芳　男
発行者　木　村　哲　也

定価はカバーに表示　　印刷　富士見印刷／製本　新里製本

発行所　株式会社　北 樹 出 版

〒153-0061　東京都目黒区中目黒1-2-6
電話(03)3715-1525（代表）　FAX(03)5720-1488

© Yoshio Ogawa　2012, Printed in Japan　　ISBN978-4-7793-0320-3

（落丁・乱丁の場合はお取り替えします）